清华·国有企业研究丛书

New Era of
Economic Development in China

中国经济发展新阶段

高旭东◎著

清华大学出版社
北京

内容简介

中国经济发展已经进入一个全新的阶段。本书系统分析了这一新发展阶段的基本特点、主要任务和对策选择，涉及同时实现经济高速发展和高质量发展的必要性与可能性，自主创新中的科学自立自强与技术自立自强，国有企业的创新、民营企业的创新、国家治理能力的提升、重大理论创新与实践探索的方向等问题。读者包括相关领域的学者、学生，各类企业家（国企、民企），特别是技术密集行业的企业家、各级各类政府官员，以及其他对中国未来经济发展和技术创新的重大问题感兴趣的人员。

本书封面贴有清华大学出版社防伪标签，无标签者不得销售。
版权所有，侵权必究。举报：010-62782989，beiqinquan@tup.tsinghua.edu.cn。

图书在版编目(CIP)数据

中国经济发展新阶段/高旭东著.—北京：清华大学出版社，2022.8（2023.11重印）
（清华·国有企业研究丛书）
ISBN 978-7-302-61509-5

Ⅰ.①中… Ⅱ.①高… Ⅲ.①中国经济－经济发展－研究 Ⅳ.①F124

中国版本图书馆 CIP 数据核字(2022)第 137138 号

责任编辑：张　伟
封面设计：李召霞
责任校对：王荣静
责任印制：沈　露

出版发行：清华大学出版社
网　　址：http://www.tup.com.cn, http://www.wqbook.com
地　　址：北京清华大学学研大厦 A 座　　邮　编：100084
社 总 机：010-83470000　　邮　购：010-62786544
投稿与读者服务：010-62776969, c-service@tup.tsinghua.edu.cn
质量反馈：010-62772015, zhiliang@tup.tsinghua.edu.cn

印 装 者：三河市东方印刷有限公司
经　　销：全国新华书店
开　　本：170mm×240mm　　印　张：11.25　　字　数：209 千字
版　　次：2022 年 8 月第 1 版　　印　次：2023 年 11 月第 6 次印刷
定　　价：109.00 元

产品编号：098005-01

作者简介

高旭东,麻省理工学院斯隆管理学院管理学博士。清华大学经济管理学院创新创业与战略系教授,清华大学技术创新研究中心研究员、副主任,工业和信息化部信息通信经济专家委员会委员,中国工业经济学会副理事长。研究涉及的主要行业和领域包括:电信、汽车、能源(包括新能源),以及大型央企的竞争力和创新力。研究的主要方向为公司战略、技术战略、技术能力培养。文章发表于《管理学报》《技术经济》《科学学与科学技术管理》,以及 Research Policy、Cambridge Journal of Regions、Economy and Society、Telecommunications Policy、Research Technology Management、International Journal of Technology Management、Industry and Innovation、Journal of Technology Transfer 等杂志。

出版说明

本书是由清华大学中国现代国有企业研究院策划推出的"清华·国有企业研究丛书"之一。本丛书作为研究院的重要学术研究成果，旨在展现中国全面深化国资国企改革的理论与实践成果，构建中国特色社会主义现代国有企业制度理论体系。本书同时获得了北京水木现代国有企业研究院的大力支持。

"清华·国有企业研究丛书"立足于解决国有企业改革的重点、难点问题，丰富和深化中国特色现代国有企业制度理论体系，现实与历史相结合，理论与实践相结合，突出解决中国问题和总结中国经验的学术研究导向，专注于中国特色现代国有企业研究的现实性和可操作性，为中国国资国企改革实践建言献策。

序言 Preface

习近平总书记在2018年6月中央外事工作会议上指出,"当前,我国处于近代以来最好的发展时期,世界处于百年未有之大变局"。如何理解"百年未有之大变局"?"大变局"会如何演化?如何在"大变局"中有所作为?清华大学经济管理学院高旭东教授的《中国经济发展新阶段》一书反映了他对这些问题的系统思考。

在这本书中,高旭东教授对一系列非常重要的命题进行了探索。比如:为什么说中国经济发展进入一个全新的阶段?这个经济发展新阶段的主要特点是什么?机会是什么?挑战是什么?在新阶段,各个利益相关者应该采取什么样的政策和战略?

这本书包含很多非常重要的分析和判断。比如:经济发展速度和经济发展质量之间究竟是什么关系?本书提出了一个新的分析框架,由此得出"高速度、高质量可以并行不悖"的结论,并提醒人们不要再走一些发达国家走过的弯路。以此为基础,本书还分析了以高投入带动高速发展的必要性和可能性。

这本书有很多创新点。比如,把"科技自立自强"细化为"科学自立自强"和"技术自立自强",认为这是两个既相互联系也存在重大区别的概念,遵循不同的逻辑。又比如,对国有企业,特别是大型央企的创新能力进行了系统分析,认为国企的创新是不可替代的,特别是提出了"国企企业家精神"的概念。再比如,认为民营高科技企业"创业不易、长大更难",提出了民企做大做强的参考模型。

这本书对国家治理能力提升的思考也发人深省。

高旭东教授长期致力于中国企业的自主技术创新研究,对于开放条件下如何提升本土企业的竞争优势进行了多年的深入思考,提出了很多重要的理论观点,这本书是他探索和思考的一个重要体现。作为多年的同事和朋友,我对他的研究非常了解,非常高兴看到这本书的出版,相信这本书对于我们深入理解"百年未有之大变局"下的发展和创新具有重要意义。

陈劲 清华大学经济管理学院教授
2022年3月18日

前言

中国经济发展已经进入一个全新的阶段,因为国际、国内形势都发生了重大变化。在这样的背景下,需要深刻认识新阶段的基本特点,明确新阶段的主要任务,确定新阶段的主要对策。

国际形势变化中,最主要的是中美关系的变化。这一变化的影响是巨大的,直接关系到对国际经济关系和国际经济格局的重新思考,关系到对经济政策的重新思考,也关系到对企业战略的重新思考。国内形势变化中,最主要的是经济发展模式的变化,包括发展速度、发展质量、绿色发展、共同富裕等重大命题。经济发展模式的变化,既是重大机遇,也是重大挑战。

本书是对经济发展新阶段重大理论问题和实践问题的系统分析与探索,力图从理论上梳理经济发展新阶段演化的内在机理,并以此为基础对经济政策选择、企业战略选择乃至高等学校科研提出建议。全书包括八章。

第一章是总论,分析经济发展新阶段的基本特点,并由此提出新阶段的"两大任务、一个重点",即"迅速建成世界第一经济大国""加速建设世界第一经济强国""建立以本土企业为主导的技术创新体系、产业体系和经济体系"。

第二章阐述实现"两大任务"的基本思路。一个重要理论观点是,经济高速发展与高质量发展可以并行不悖,进而以此为基础分析了以高投入带动高速发展的必要性、可能性。本章的分析还表明,实现"两大任务",既是必要的,也是可能的,中国已经具备比较坚实的基础,特别是比较坚实的产业基础和新一代创业者的出现。需要做的是以已经具备的比较扎实的基础为起点,加速推进"两大任务"的实现。

第三章阐述如何推进"一个重点"。本章详细分析了建立以本土企业为主导的技术创新体系、产业体系和经济体系的理论基础,进而分析了实施三大工程即产业格局重塑工程、"卡脖子"技术突破工程、前沿技术突破工程的重要性。

第四章分析"科技自立自强"问题。本章指出,"科学自立自强"与"技术自立自强"是两个既相互联系也存在重大区别的概念,遵循不同的逻辑。本章对实现"科学自立自强"与"技术自立自强"的一些重要理论问题和实践问题进行了讨论。比如,一个重要观点是,如果高校希望对实现技术自立自强作出重要贡献,就需要进行比较大的组织变革,在现有的"长聘系列"之外建立一套新的组织体系、建立一支新的力量。

第五章探讨如何大力提升国企的创新能力。本章的基本观点包括:国企地位重要、作用特殊;国企可以进行有效的创新、一流的创新;国企的创新不可替代;增强国企的创新活力需要更多的探索,但是有路可循。

第六章探讨如何大力提升民营企业,特别是高科技创业企业的创新能力。民企是中国经济的重要组成部分,既有明显的优势,也有明显的劣势。本章特别强调民企要努力实现治理结构的现代化,坚持稳健办企业的思想,认真思考国际化发展。

第七章探讨国家治理能力的提升。经济发展新阶段的环境复杂、任务艰巨,对国家治理能力的提升要求非常高。这一章主要探讨国家治理能力面临的几个重要挑战和提升国家治理能力的基本思路。

第八章是在本书主体部分写完后的进一步思考,其核心观点是,在重大的历史转折点上,人们的认识往往存在巨大差异,人们的行动往往存在巨大不同。把握历史转折的基本规律,需要进行重大的理论创新,需要进行果敢的实践探索。比如,如何从理论上、实践上准确把握经济国际化的基本趋势,中国经济发展的道路自信和理论自信的历史意义是什么,如何提高重大变革和探索的有效性,这些问题都需要在理论创新和实践探索中寻找答案。

本书的写作是以多年的研究为基础的,其中清华大学中国现代国有企业研究院课题"大型央企在建立以本土企业为主导的创新体系中的作用",国家自然科学基金委课题"建立以本土企业为主体的协同创新机制的理论与对策研究""建设创新生态系统下的广东经济结构调整和产业转型升级",是本书的直接基础。一大批优秀的企业,包括中石油及其下属企业(如东方公司)、中石化、大唐电信、中兴、华为、中国移动、国双科技、徐工集团、隆基股份、远大集团、华大基因、曙光、海信、长虹、TCL、北摩高科等,是本书思想的重要来源。校内外的广大同人的真知灼见,也是本书思想的重要来源。特别需要指出的是,清华大学中国现代国有企业研究院的于雁芳老师,清华大学出版社的张伟老师,对本书的出版给予了非常重要的帮助。在此,一并致谢!

高旭东

2022 年 3 月 12 日

目 录

第一章　经济发展新阶段的基本特点和主要任务 ……………… 1
- 第一节　经济发展进入新阶段的主要影响因素 ………………… 1
- 第二节　经济发展新阶段的基本特征 …………………………… 5
- 第三节　经济发展新阶段的可能演变 …………………………… 12
- 第四节　经济发展新阶段的主要任务和基本对策 ……………… 16

第二章　实现"两大任务"的基本思路 …………………………… 23
- 第一节　迅速建成世界第一经济大国 …………………………… 23
- 第二节　加速建设世界第一经济强国 …………………………… 31
- 第三节　实现"两大任务"的基础条件 ………………………… 40
- 第四节　关注其他国家的做法 …………………………………… 42

第三章　推进"一个重点"的思路与对策 ………………………… 47
- 第一节　深刻认识深度融入国际体系的利弊得失 ……………… 47
- 第二节　建立以本土企业为主导的创新体系的艰难探索 ……… 50
- 第三节　新形势下的指导思想、基本思路与主要措施 ………… 60

第四章　科学与技术的自立自强 …………………………………… 68
- 第一节　基本概念 ………………………………………………… 68
- 第二节　实现科学自立自强的基本思路 ………………………… 72
- 第三节　实现技术自立自强的基本思路 ………………………… 79

第五章　大力提升国企的创新能力 ………………………………… 89
- 第一节　国企的重要地位和特殊贡献 …………………………… 89
- 第二节　不可替代的国企创新 …………………………………… 94
- 第三节　国企创新面临的挑战 …………………………………… 101
- 第四节　提高国企创新能力的措施 ……………………………… 105

第六章　大力提升民营企业的创新能力 …………………………… 113
- 第一节　民企创新的优势 ………………………………………… 113
- 第二节　民企创新的劣势 ………………………………………… 116

  第三节 高科技民企创业不易 …………………………………… 119

  第四节 高科技民企的生存与做大做强 ……………………… 121

  第五节 民企的未来发展 ………………………………………… 132

第七章 国家治理能力的提升 ……………………………………………… 135

  第一节 国家治理能力面临的重要挑战 ……………………… 135

  第二节 对提升国家治理能力的建议 ………………………… 139

第八章 在重大理论创新和实践探索中迎接新阶段的到来 …………… 147

  第一节 有管理、有限度的经济国际化 ……………………… 147

  第二节 中国经济发展的道路自信和理论自信 …………… 150

  第三节 提高重大变革和探索的有效性 ……………………… 155

参考文献 …………………………………………………………………………… 160

第一章
经济发展新阶段的基本特点和主要任务

中国经济已经进入一个全新的、充满巨大挑战也充满巨大机会的发展阶段。本章分析新阶段的基本特点,明确新阶段的主要任务,确定新阶段的主要对策。我们把新阶段的主要任务概括为"两大任务、一个重点",即"迅速建成世界第一经济大国""加速建设世界第一经济强国""建立以本土企业为主导的技术创新体系、产业体系和经济体系"。

第一节 经济发展进入新阶段的主要影响因素

为什么说中国经济发展已经进入全新的阶段?一是国际形势的巨大变化,二是中国经济发展速度的变化,三是中国经济发展模式的变化。

一、国际形势的巨大变化

中国经济发展进入全新的阶段的首要因素是国际关系的变化,特别是中美关系的变化。从特朗普到拜登,美国连续两届政府采取极力打压中国、极力防止中国在经济上超越美国的行动,使两国关系发生了实质性变化。

在 2021 年 12 月 20 日由中国国际问题研究院和中国国际问题研究基金会联合举办的 2021 年国际形势与中国外交研讨会上,外交部原副部长崔天凯先生的发言振聋发聩。他认为:①美国不会心甘情愿地接受一个社会制度、意识形态、文化传统乃至种族都很不相同的大国崛起;②美国对华政策里面,有很强的种族主义的因素;③美国会千方百计、不遗余力地,甚至没有底线地对华打压、遏制、分化、"围剿";④中国要有清醒的头脑、充分的准备,坚决维护主权、安全、发展利益,维护好14亿人民艰苦奋斗的成果,维护好中华民族伟大复兴的战略全局。

实际上,对很多人而言,2018年以来中美经济关系的巨大变化是出人意料和难以理解的。过去几十年里,中国人高度信任在经济上"对外开放",政策上强调引进技术、引进外资、扩大出口。这样做的效果也非常好,促进了技术升级,促进了经济发展,促进了对外贸易,在对外投资方面也取得了不错的成绩。中国人也相信,在经济上坚持"对外开放"、坚持"自由贸易",是互惠互利的。

但是,美国对华政策的调整,令很多人陷入"迷茫":为什么互惠互利的活动遭受越来越严峻的挑战、中国越来越吃亏?

实际上,在一段时间里,"迷茫"是不断加深的。2018年4月16日,美国商务部决定对中兴通讯进行"制裁"和技术封锁,禁止美国公司向中兴出售产品。那个时候,不少人甚至认为,可能是中兴经营不慎,触犯了美国的法律,因而招致了"制裁"。

但是,随着美国政府出台一系列针对华为的制裁措施,特别是动员其盟国在全球范围内以国家安全为理由打压华为,进而发展到把越来越多的中国企业和组织列入"实体清单",甚至对哈尔滨工业大学等高校断供MATLAB软件,"迷茫"进一步加深:"自由贸易"还应该"单方面"坚持吗?中国还应该把市场开放给全世界,特别是美国企业吗?后一个问题引起的讨论和争议尤为严肃:一方面,中国企业在被打压下遭受巨大损失;另一方面,美国企业在中国赚得盆满钵满,这样的状况应该持续吗?

二、中国经济发展速度的变化

中国经济发展进入全新的阶段的第二个因素是经济发展速度比较快速地降低。经济发展速度降低的影响究竟是什么?影响究竟如何?理论、历史和现实都告诉我们,影响是巨大而严重的。

从理论上看,经济发展速度的降低意味着企业竞争优势的来源在变,经济高速发展阶段的通用性资源已经不足以让企业生存,更不用说发展了;独特性资源的重要性大大提高了(高蔚卿,2005)。这一点非常关键,不同于流行的看法,比如认为解决了企业的融资问题,特别是中小民营企业的融资问题,企业的生存和发展问题就可以得到解决。相比一般资源的获取,能力转换的问题要重要得多,也复杂得多。

经济发展速度的降低也意味着,新增的市场空间变小了,企业竞争加剧了,竞争力弱的企业甚至保不住已有的市场,很多企业不得不经历兼并、收购、重组、破产。需要特别指出的是,很多企业家对经济发展速度降低的严重后果缺乏清醒的认识。从历史上看,以美国为例,1929年美国汽车产业中盈利的工厂有530家;产业演化的结果是只剩下通用、福特、克莱斯勒等少数几家(Nevins et al., 1962)。

从现实来看,一段时间以来,一些大型企业(比如海航、恒大、方正等)在经营中遇到巨大困难,一个重要原因是经济发展速度降下来了。对于中小企业,虽然国家出台了一系列政策,包括要求银行在贷款发放方面对民营企业、小微企业实行特殊政策,但是效果并不明显。我们的研究表明,一个主要原因是:银行也是企业,也需要考虑回报;在宏观形势充满不确定性、经济发展速度下行的情况下,对竞争能力本来就不强的企业发放贷款风险太大。一家大银行的基层组织表示,银行有大量资金,也想贷出去,但是找不到合适的中小微企业。

三、中国经济发展模式的变化

中国经济发展进入全新的阶段的第三个因素是经济发展模式的变化。这具体体现在三个方面:高质量发展,绿色发展,共同富裕。这是中国经济发展的必然要求,也是巨大的挑战。特别是,如果各部门、各地政策执行出现偏差,过于着急,大量关停企业,挑战就非常严峻。

(一) 高质量发展

提出经济高质量发展的大背景是对经济粗放发展,即过度依赖要素投入发展的担忧,认为粗放发展不但效益不高,而且是不可持续的。

经济高质量发展不但是学术界的探讨,也是国家的战略。习近平总书记在中国共产党第十九次全国代表大会上的报告指出:"必须坚持质量第一、效益优先,以供给侧结构性改革为主线,推动经济发展质量变革、效率变革、动力变革,提高全要素生产率,着力加快建设实体经济、科技创新、现代金融、人力资源协同发展的产业体系,着力构建市场机制有效、微观主体有活力、宏观调控有度的经济体制,不断增强我国经济创新力和竞争力。"

《中共中央关于制定国民经济和社会发展第十四个五年规划和二〇三五年远景目标的建议》指出:"我国已转向高质量发展阶段,制度优势显著,治理效能提升,经济长期向好,物质基础雄厚,人力资源丰富,市场空间广阔,发展韧性强劲,社会大局稳定,继续发展具有多方面优势和条件。"

但是,高质量发展还面临很多挑战,特别是创新能力不适应高质量发展要求,高质量发展的技术基础不够牢固。另外,什么是高质量发展,高质量发展与高速度发展是什么关系,都是需要认真思考和回答的问题。

(二) 绿色发展

选择绿色发展是中国政府的主动行为,体现了一个国家对发展模式的深刻思考和责任担当。习近平总书记在中国共产党第十九次全国代表大会上的报告指出:"坚持人与自然和谐共生。建设生态文明是中华民族永续发展的千年大计。必须树立和践行绿水青山就是金山银山的理念,坚持节约资源和保护环境的基本国策,像对待生命一样对待生态环境,统筹山水林田湖草系统治理,实行最严格的生态环境保护制度,形成绿色发展方式和生活方式,坚定走生产发展、生活富裕、生态良好的文明发展道路,建设美丽中国,为人民创造良好生产生活环境,为全球生态安全作出贡献。"

中国坚持绿色发展的一个具体措施是积极"降碳",提出力争在 2030 年前实现碳达峰,2060 年前实现碳中和,并在 2021 年 9 月 22 日发布《中共中央 国务院关于完整准确全面贯彻新发展理念做好碳达峰碳中和工作的意见》,作出了具体的安排。

需要特别指出的是,绿色发展是一个过程,脱离技术、经济、社会实际的"运动式"绿色发展是错误的;绿色发展的内涵也比"降碳"要丰富得多,其核心是探索新的生活方式、生产方式,实现人与自然的和谐,建设美丽中国,建设美丽世界。

(三) 共同富裕

在经济发展中坚持"共同富裕"是中国社会主义制度的根本要求。《中共中央关于制定国民经济和社会发展第十四个五年规划和二〇三五年远景目标的建议》指出:"坚持以人民为中心。坚持人民主体地位,坚持共同富裕方向,始终做到发展为了人民、发展依靠人民、发展成果由人民共享,维护人民根本利益,激发全体人民积极性、主动性、创造性,促进社会公平,增进民生福祉,不断实现人民对美好生活的向往。"

在共同富裕的路上,中国已经取得了巨大成就。习近平总书记在 2021 年 2 月 25 日召开的全国脱贫攻坚总结表彰大会上指出:"经过全党全国各族人民共同努力,在迎来中国共产党成立一百周年的重要时刻,我国脱贫攻坚战取得了全面胜利,现行标准下 9 899 万农村贫困人口全部脱贫,832 个贫困县全部摘帽,12.8 万个贫困村全部出列,区域性整体贫困得到解决,完成了消除绝对贫困的艰巨任务,创造了又一个彪炳史册的人间奇迹!这是中国人民的伟大光荣,是中国共产党的伟大光荣,是中华民族的伟大光荣!"不仅如此,在全面脱贫之后,中央对乡村振兴作出了新的安排,共同富裕进入新的阶段。

共同富裕的路还很长,还面临很多挑战。2020年5月28日,李克强总理在第十三届全国人民代表大会第三次会议闭幕后出席记者会并回答中外记者提问时指出:"中国是一个人口众多的发展中国家,我们人均年收入是3万元人民币,但是有6亿人每个月的收入也就1000元,1000元在一个中等城市可能租房都困难,现在又碰到疫情,疫情过后民生为要。怎么样保障那些困难群众和受疫情影响新的困难群众的基本民生,我们应该放在极为重要的位置,我们采取的纾困政策有相当一部分就是用于保障基本民生的。"

第二节 经济发展新阶段的基本特征

中国经济发展新阶段的基本特征包括:国际发展环境充满变数,国内发展基础有待加强。

一、国际发展环境充满变数

国际关系存在两个非常重要的侧面:一是基于"人类命运共同体",追求"天下大同"理想,希望实现"合作共赢";二是基于自身利益,特别是利益的差别,每个国家为了自己理解的"平等"权利,同其他国家展开竞争,甚至产生冲突(Carr,1981)。显而易见,一方面,没有"人类命运共同体",就没有人类的未来;另一方面,由于存在国家之间的差别,包括资源和能力的不同,也包括发展水平的不同,还包括思想文化的不同,国家之间很难避免矛盾甚至是激烈冲突。

在复杂的国际关系中,在可预见的未来,中美关系具有决定性的影响,中美关系的性质也存在多种可能性。**合作共赢(Ⅰ)**、**在矛盾与冲突中竞争和演化(Ⅱ)**、**大规模冲突(Ⅲ)**,这三种可能性都存在,也可能存在一定的重叠和交叉,但是哪一种关系会成为主导形式,存在很大的不确定性。

状态(Ⅰ):迅速恢复到比较理想的状态,即双方都遵循"求同存异,合作共赢"原则的状态。这种可能性不大,也可以说根本不可能,因为美国把中国当成威胁最大的竞争对手;也因为中国在一些领域,特别是在高科技领域,与美国不是"势均力敌",而是还存在比较大的差距。

状态(Ⅱ):在矛盾与冲突中竞争和演化。在双方现有力量对比下,这是最可能的一种状态。这是因为,一些美国社会的精英并不希望看到中美关系演化为不可控的严重冲突。比如,根据《环球时报》的消息,基辛格先生就指出,"美国和中国必须为日趋激烈的冲突设置界限,否则有可能重演第一次世界大战前全球政治的不确定性局面",因为"没有任何一个国家可以实现在战略和经济上都具有其他国家无法威胁的单方面优势"。

但是,不同意基辛格先生观点的美国精英大有人在。从特朗普总统到拜登总统,对大量的中国产品征收高额关税,极力打压中国高科技企业,在台湾问题上小动作不断,与一些国家建立针对中国的联盟,甚至在教育和学术交流方面设置种种限制与障碍,这都表明中美关系现在**主要不是合作共赢,也很难称之为在和平竞争中发展,反而是在矛盾与冲突中演化**的色彩更浓厚。实际上,即使是基辛格先生,也把"单方面优势"作为分析问题的重要出发点。

状态(Ⅲ):**双方关系大幅度恶化,甚至爆发严重的、大规模的冲突**。应该说,对两个核大国而言,这种状态的破坏力是谁都难以承受的,因而可能性不大。2021年11月16日上午,中美两国元首举行长时间视频会晤,发出的信号是明显的,双方希望接触、对话、管控分歧。但是,人类历史充满不确定性,充满诡异的事件,因而状态(Ⅲ)也并非一定不会出现,需要保持高度的警惕性。

二、国内发展基础有待加强

相比国际关系、国际挑战,经济发展新阶段的国内环境具有更多的可控性。但是,挑战仍然是非常巨大的,很多方面发展的基础还不够牢固,甚至是比较薄弱,特别是经济安全问题和思想方法问题。

(一)经济安全问题

经济安全问题的核心是经济现在不安全,这又体现在**技术不安全、产业不安全和品牌危机**等方面。

技术不安全,就是经济发展缺乏技术支撑,特别是缺乏核心技术,在技术上被国外"卡脖子"。华为遇到的高端芯片方面被"卡脖子"只是一个具体的例子。

需要特别指出的是,技术"卡脖子"并不是最近才发生,发达国家对中国进行技术"卡脖子"由来已久,只是最近变得异常严重才引起国内重视。技术"卡脖子"也不仅仅发生在所谓的涉及"国家安全"的领域,21世纪初中石油下属的东方公司就曾经在地震资料处理与解释软件上被"卡脖子"(刘振武 等,2006)。

实际上,商业领域的技术"卡脖子"是一个常态,几乎没有企业愿意通过转让技术培养出自己的竞争对手。技术"卡脖子"也不仅仅发生在中美之间,还发生在中国与其他国家之间,随着中国企业技术能力的提高,这种情况会更加频繁地出现。

挑战在于,多年以来,中国国内普遍认为,包括合资在内的"引进消化吸收"国外技术是实现发展的必由之路,对这条道路的适用条件缺乏认识,对其局限性和负面影响更是缺乏认识(Nam,2011)。

产业不安全,就是国内产业链不完整,出现外国技术"卡脖子"时,本土企业不能尽快替代外国企业提供正常生产所必需的核心零部件、装备、仪器、原材料等。按照这一定义,技术不安全,缺乏核心技术,在技术上被国外"卡脖子",是**产业不安全**的根本原因。但是,产业不安全不一定是因为没有掌握核心技术。

实际上,很多时候已经实现了技术突破,但是因为"后来者劣势"等因素的影响(高旭东,2007),国内用户不愿意支持本土的技术、产品,不愿意使用本土的技术、产品,最终导致已经突破的核心技术难以产业化,进而产生**产业不安全问题**。比如,在个人电脑领域,无论是操作系统、微处理器,还是应用软件,都是这种情况。从这一视角看,产业不安全问题比技术不安全问题更为根本,情况也更为复杂。

品牌危机,就是对本土品牌或者叫民族品牌的认同出现比较大的问题,在同等条件下,优先选择国外品牌。这种情况已经非常严重,无论是在消费品领域,还是在工业品领域。在消费品领域,"原装进口"大受欢迎;在工业品领域,特别强调"这是美国设备""这是德国设备""这是日本设备"。认同国外产品,有的时候是因为国外的质量确实好,更多的时候则是因为其他原因。

(二)思想方法问题

有效应对复杂的国内外环境,需要科学的思想方法。但是,现在思想方法不适应的情况非常严重,主要体现在四个方面:**思考问题大而化之,哲学素养、历史知识、专业知识亟待提高**。这四个方面的思想方法问题导致对经济发展新阶段的性质、特点和主要矛盾认识不够清楚,特别是对引进技术、引进外资、开放国内市场和对外贸易等**抱有不切实际的幻想**。只有大幅度提升这些方面的素养和知识,才能应对经济发展新阶段的巨大挑战。

思考问题大而化之是一个普遍现象。比如,如何理解自主技术创新?在一些人看来,自主技术创新就是"关起门来搞创新",无法向先进国家学习,因而只能是低水平的创新。即使是华为这样优秀的企业,对使用"自主创新"这样的词语也是小心谨慎,甚至认为在莫斯科建立研发中心是"开放式创新",不属于自主创新的范畴,基于土耳其科学家的理论进行创新也不是自主技术创新。

为什么一些人总是把自主技术创新与对外开放对立起来?**思考问题大而化之是一个重要原因**。实际上,事物是复杂的,思考问题需要深入细致,需要具体问题具体分析。比如"对外开放"这个词语,可以从多个侧面、多个视角去理解,既可以是正面的,也可以是负面的。

一是思想的开放。这是最高层次的开放,最根本的开放。在这一层面,向全世界学习,无论是发达国家还是发展中国家,凡是比我们先进的,都需要学,而不能故步自封、骄傲自满。这是百分之百正面的。

二是本土企业引进国外的技术、设备,也包括录用外国人,就需要兼顾短期与长期。从短期看,大量购买国外技术、设备可以立竿见影,只要条件允许,就应该积极进行(Kim,1997)。

但是,根据"资源基础论"(the resource-based view, RBV)(Barney,1991; Foss,1997),从长期看,一个企业持续的竞争优势来源于它自己"独特的资源(和能力)",所以必须高度重视不断提高企业的"自主创新能力"。具体而言,企业"独特的资源"具备这样的特点:有价值,能够帮助企业抓住机会、规避风险,带来竞争优势,这是首要的,也是显而易见的;稀缺性,难以在竞争性市场上买到;难以模仿,竞争者不可能在很短时间内开发出相同的资源;难以替代,其他资源不能带来同样的竞争优势。这意味着,在竞争性市场上买到的国外技术、设备,或者进行合资,虽然短期有效,但是很难给企业带来持久的竞争优势。这也说明,自主技术创新是企业发展的根本,学习别人只能起辅助性作用而不是主导作用。在这里,"对外开放"有利有弊。

三是市场的开放。在这一层面,就需要非常谨慎。比如,同样根据"资源基础论",在中国本土企业能力,特别是技术能力低于国外企业的情况下开放国内市场,结果只能是本土企业在竞争中失败。这是科学知识,也是代价高昂的教训。中国轿车产业以合资的形式开放给外国企业,不但"市场换技术"的目的没有真正实现,更大的问题是导致了本土企业的"品牌危机",消费者对本土品牌认知远低于外国品牌。在这里,"对外开放"可能带来的负面影响需要高度重视。

与市场开放紧密相关的是一些似是而非甚至是稀里糊涂的观点。比如所谓的"鲇鱼效应",据说是渔民为了防止沙丁鱼在运回渔港的过程中因为缺氧而死,把吃鱼的鲇鱼放到沙丁鱼群中,沙丁鱼为了躲避鲇鱼而四处游动,因而在一定程度上解决了缺氧问题。问题在于,在真正的自然界中,沙丁鱼是因为有了鲇鱼才能够生存吗?显然不是。

把"鲇鱼效应"用在经济领域,忽略了一个基本逻辑:一个企业、一个经济体,如果只有通过被更强大的竞争者(鲇鱼)四处追着才能生存,这样的企业、这样的经济体就应该被淘汰,否则就是浪费资源。换句话说,相信所谓的"鲇鱼效应",是自卑的反映,是极端不自信的反映,好像是在说,"我们自己没有能力搞好企业、搞好经济,必须由外国企业来像鲇鱼一样冲击一下才有出路"。没有自信,还想搞好企业、搞好经济,从逻辑上是讲不通的。

再比如，很多人认为，只有市场开放才能向先进的国外企业学习。学习当然重要，对发展中国家而言，尤为重要。但是，只有开放国内市场才能向国外先进企业学习的判断，这在逻辑上是有问题的。在技术上"引进消化吸收"，是一种重要的学习，但是并不需要开放市场，日本、韩国都是很好的例子（Cusumano，1985；Kim，1997）；通过反求工程（reverse engineering）进行学习，也不需要开放市场；在国外设立研发机构，也是很好的学习，不需要建立在开放国内市场的基础之上；至于留学生到国外学习，然后回国工作，与开放国内市场也没有必然联系。

也可能有人讲，国内市场开放了，国外企业就在国内，学起来方便。其实不然，如果外资企业、合资企业吸引人才的能力远大于本土企业，学习可能更不容易。更可能出现的情况是，在国外企业能力远高于本土企业的情况下，本土企业还没有来得及学习就在同跨国公司的竞争中消失了。

在这一点上，学习一下毛泽东的著作是必要的。他早在《论十大关系》中就指出："我们提出向外国学习的口号，我想是提得对的。现在有些国家的领导人就不愿意提，甚至不敢提这个口号。这是要有一点勇气的，就是要把戏台上的那个架子放下来。应当承认，每个民族都有它的长处，不然它为什么能存在？为什么能发展？同时，每个民族也都有它的短处，有人以为社会主义就了不起，一点缺点也没有了。哪有这个事？应当承认，总是有优点和缺点这两点……总之，是两点而不是一点。说只有一点，叫知其一不知其二。我们的方针是，一切民族、一切国家的长处都要学，政治、经济、科学、技术、文学、艺术的一切真正好的东西都要学。但是，**必须有分析有批判地学，不能盲目地学，不能一切照抄，机械搬运**。他们的短处、缺点，当然不要学。"

哲学素养亟待提高的一个重要表现是缺乏辩证思维，不善于运用"两点论"，也不擅长运用"重点论"。比如，一提"改革开放"，马上就与"自主技术创新"对立起来；一提"市场"，马上就否定"政府（计划）"；一提"保护国内市场"，马上就与"闭关锁国"联系起来，甚至认为是"狭隘的民族主义"；一提经济高质量发展，马上就与高速度发展对立起来；一提"碳达峰碳中和"，马上就与限制"高耗能行业"联系起来；一提"双循环"，马上就认为国际市场不重要了。这是典型的"非此即彼""非黑即白"的思想方法，不懂得事物的复杂性、多样性，往往造成很大的损失和危害。

历史知识亟待提高的一个重要表现是对重要的历史事实不了解，特别是世界各国的经济史知识匮乏，凭感觉想问题、做事情。比如，麻省理工学院（MIT）Cusumano教授的研究发现（1985），日本政府的一项政策，即通过严格限制轿车进口保护国内企业，就使一项原本肯定会失败的事业变成了一项利润非常高的事业。Cusumano教授进一步指出，这就告诉我们一个非常明显但非常关键的关系：尼桑、丰田，以及整个日本轿车工业成功的一个主要原因是对国内市场的保护。

那么，日本保护国内轿车市场的力度有多大呢？Cusumano 教授提供的数字是：从 1960 年开始的大约 20 年中，日本轿车进口只占国内销售的 1% 左右。这充分说明，日本汽车工业是在高度受保护的国内市场上培养起强大的国际竞争力的；日本汽车工业是在培养起强大的国际竞争力以后才大规模走向国际市场的。换句话说，开放市场不是提高企业竞争力的必要条件，市场保护也不是国内企业竞争力弱的根本原因。

这就提出一个非常严肃的学术问题，也是一个非常严肃的政策问题：为什么高度"闭关锁国"的日本培育出来了世界上竞争力最强的汽车产业？我们能够从经济史中学到什么？

与历史知识一样，专业知识也亟待提高。比如，中美关系的巨大变化本身就意味着"自由贸易理论"的失效。或者说，这一理论一定存在让人们不愿意遵循它的东西。对此，诺贝尔经济学奖获得者保罗·克鲁格曼 2009 年 9 月在美国次贷危机爆发后撰写的、刊于《纽约时报》的文章，讲得非常清楚。

他指出："在我看来，经济学家这个行当之所以误入歧途，原因在于经济学家们总体来说错误地用漂亮的数学模型所装饰的美代替了对真的追求。在 20 世纪的大萧条到来之前，绝大多数经济学家都把资本主义视为完美或接近完美的经济体系，这样的观念在大规模失业现象面前难以为继。可是随着大萧条的记忆逐渐淡去，经济学家们又重新坠入古老的理想化的经济观的情网，在那种理想化的经济体中，理性的个人在完美的市场中相互作用，只不过这次多了些神奇的方程式做粉饰……不幸的是，这种高度浪漫和提纯的经济观导致绝大多数经济学家忽视了所有可能出现偏差的问题。对于经常带来泡沫和崩溃的人类理性的局限，对于失控的制度性缺失，对于可能给经济运行系统带来突然的、不可预测的冲击的市场（特别是金融市场）的缺陷，对于监管者自己缺乏监管的信心时会产生的危险，他们全都闭上了双眼。"

当然，也有学者认为，"自由贸易理论"本身并没有问题，问题出在现实中一些约束条件不满足。比如，著名经济学家萨缪尔森专门写了文章，指出：在一定条件下，自由贸易会损害有关国家的利益（Samuelson，2004）。对此，廖峥嵘（2021）指出："萨缪尔森发现的新意则在于，如果发达国家在高技术领域的优势逐渐丧失，这可能影响到此前在全球化中受益较多的精英，进而导致全球化的损益结构发生变化，这将改变技术和资本对全球化的支持。在美方单方面挑起贸易战过程中，美国一些高科技企业对华态度的变化就在一定程度上证明了萨缪尔森当年的论断。"

问题的关键可能就在这里：在实践中，把本来在严格限制条件下才能成立的理论当成"放之四海而皆准"的真理接受，并且试图体现在国家政策中，结果只能是造成非常严重的后果。

如果诸如"自由贸易理论"等一些经济学理论在运用于企业发展和国家政策等实践时需要万分谨慎,什么理论可以更好地指导实践呢?在本书中,我们介绍与企业管理,特别是企业竞争优势来源紧密相关的一些理论。在这一部分,我们重点介绍企业竞争优势及其来源理论。

为什么把企业竞争作为分析的起点?除了现实中难以满足的假设条件,"自由贸易理论"面临的最大挑战是,现实中的竞争是以企业为基本单位展开的,遵循的不是国与国之间贸易的"比较优势"原则,而是企业与企业之间竞争的"竞争优势"原则,也就是"绝对优势"原则。在现实中,不存在一个企业没有绝对优势、只有相对优势还能够生存的可能,拥有绝对优势的企业必然是市场竞争的赢者。在这一意义上,"双赢"是不存在的。

现代管理学与新古典经济学的一个重要区别在于,它们的理论假设存在根本差异。以人的有限理性为基础(Foss,1997;Nelson et al.,1982),现代管理学,特别是战略管理学认为,企业与企业的竞争优势是不同的,有些拥有优势因而能够赢得竞争,企业效益好;有些则缺乏优势因而在竞争中处于劣势地位,企业效益差(Foss,1997)。

解释企业竞争优势来源的理论有很多,其中前面提到的"资源基础论"具有特别重要的地位和影响(Barney,1991;Foss,1997)。"资源基础论"告诉我们,有竞争就会有胜负。一个企业要想在市场竞争中生存下去,就需要拥有"独特的资源"。应该说,"资源基础论"还没有完全清楚地描绘出能够为企业带来竞争优势的"独特的资源"的所有具体表现形式;但是,很多研究表明,在知识密集型行业,以核心技术为主体或基础的"知识资产"(knowledge assets),是最重要的表现形式之一。

比如,20世纪80年代,我国的电信设备产业是最早开放的产业之一,因为本土企业的技术能力远远落后于发达国家的企业,国内企业纷纷选择合资以求生存,今天大名鼎鼎的华为、中兴那时候也只能在低端市场求生存,直到20世纪90年代末也只能在极少数领域与跨国公司进行非常有限的竞争。

那么,企业如何才能拥有"独特的资源"呢?从企业内部看,核心是建立技术能力培养的基本条件,包括R&D(研究与开发)的基本条件,特别是在国内市场高度开放的条件下,真正重视自主技术创新,开发自己的核心技术,而不是对技术引进、开放式创新存在误解,更不可抱有不切实际的幻想(高旭东,2007)。

从企业外部看,对发展中国家的企业而言,就是不能过早地与能力强得多的跨国公司进行正面竞争。也就是说,**要有市场保护,让本土企业有足够的时间和空间来培育"独特的资源"**。对于后者,前面提到的日本政府通过保护国内市场培育出拥有世界竞争力的轿车产业的例子是很好的说明。

上面的分析也表明,学者在提出国家政策和企业战略建议时,一定要清楚理论的边界和使用条件,不要误导实践。与此同时,在学术研究中,不要动不动就说这个"左"、那个"右"。一些含混不清的概念,比如"深度开放""闭关锁国",在学术界应该慎用,反之,有"扣帽子"之嫌。

第三节　经济发展新阶段的可能演变

经济发展新阶段的演变,既受国内因素的影响,也受国家关系的影响,虽然不能像自然科学一样准确预测,但是一些基本的趋势是可以分析的。

一、一些基本假设

为了分析中国经济发展新阶段的可能演变,我们提出一些基本假设:国际关系中的实力原则、对话原则、应战原则,以及国内发展中的加速发展原则、高质量发展原则、提高治理能力原则。

实力原则,就是以实力震慑可能的外国威胁。这个原则不好听,但是在很多时候又离不开它。比如,虽然中国一直强调坚持和平外交政策,坚持合作共赢,但是还是受到围追堵截;远的不说,单是中华人民共和国成立以来,外国围追堵截的例子就非常多,直到1971年才恢复在联合国的席位。因此,实力是保卫合法权益、维护社会正义的重要保证。对弱者,对发展中国家,这一原则尤为重要。可以设想,如果中国现在是世界第一经济大国、世界第一科技强国、世界第一军事大国,其他国家对中国进行技术封锁、经济封锁的可能性就会大幅度下降。

对话原则,就是保持国际沟通渠道的畅通,并把中国的理念和诉求清楚地传递给其他国家。这一原则的目的,一是增强其他国家对中国的深入了解,比如中国的核心利益是什么、中国的重要政策是什么,防止出现不应该出现的误判;二是了解其他国家的理念和诉求,认清世界的真实情况,了解自己在世界上的真实位置。通过对话,尽可能把发生冲突特别是大的冲突的可能性降到最低。

需要特别指出的是,在国际对话中,使用过多的"外交语言",效果可能适得其反,因为东西方文化差异巨大,过于"含蓄",别人可能听不懂,或者听懂了也可以"装作听不懂"。

还需要特别指出的是,不要怕讲清楚自己的核心利益,不要怕维护自己的核心利益,这样不会失去朋友。真正的朋友,愿意了解双方的核心利益,愿意尊重对方的核心利益。

应战原则,就是不怕冲突,敢于保卫自己的利益。抗美援朝是一个典型例子。中华人民共和国成立之初,中美经济、军事力量悬殊,但是,为了保家卫国,毛泽东等领导人还是作出了出兵朝鲜的决定。

对于抗美援朝的意义,习近平总书记在纪念中国人民志愿军抗美援朝出国作战70周年大会上的讲话说得非常清楚:

> 无论时代如何发展,我们都要砥砺不畏强暴、反抗强权的民族风骨。70年前,帝国主义侵略者将战火烧到了新中国的家门口。中国人民深知,对待侵略者,就得用他们听得懂的语言同他们对话,这就是以战止战、以武止戈,用胜利赢得和平、赢得尊重。中国人民不惹事也不怕事,在任何困难和风险面前,腿肚子不会抖,腰杆子不会弯,中华民族是吓不倒、压不垮的!

> 无论时代如何发展,我们都要汇聚万众一心、勠力同心的民族力量。在抗美援朝战争中,中国人民在爱国主义旗帜感召下,同仇敌忾、同心协力,让世界见证了蕴含在中国人民之中的磅礴力量,让世界知道了"现在中国人民已经组织起来了,是惹不得的。如果惹翻了,是不好办的"!

在经济领域,面对华为被美国政府打压,面对大量的中国企业被列入实体名单,一个重要的问题是如何保护中国企业的利益,在必要的情况下对美国企业实行对等的政策。

上面三条原则是关于国际关系的,下面三条原则是关于国内发展的:加速发展原则、高质量发展原则、提高治理能力原则。

加速发展原则,就是把经济发展速度作为一个极为重要的战略问题来对待,通过加速发展迅速提升中国的经济规模。这与前面讨论的国际关系中的"实力原则"是相对应的。中国的经济规模如果一直落后于美国,想改变目前被封锁、被打击的困境是难以做到的。通过加速发展,迅速提升经济规模,赶上、超越美国的经济规模,中国就可以处于比较有利的地位。

高质量发展原则。如前所述,这是中国经济发展的既定政策。在严峻的国际形势下,**高质量发展还具有特殊的含义,即把解决**经济不安全问题(**技术不安全、产业不安全和品牌危机**)放在应有的位置,也可以说放在最为优先的位置。

提高治理能力原则,就是需要大幅度提高应对复杂环境的能力。经济发展新阶段,既存在巨大的机会,也充满矛盾甚至冲突,客观上要求大幅度提升政府的治理能力,包括前面提到的掌握更加科学的思想方法,避免思考问题大而化之,提升**哲学素养、历史知识、专业知识**。

二、国际关系的演化趋势

如前所述,今后的中美关系存在多种可能性,包括**合作共赢**(Ⅰ)、**在矛盾与冲突中竞争和演化**(Ⅱ)、**大规模冲突**(Ⅲ)。那么,这几种可能性会如何演化?如何才能尽可能避免状态(Ⅲ),尽力促成状态(Ⅰ),以及尽可能在状态(Ⅱ)中赢得主动?我们把回答这个问题的逻辑起点放在前面提到的**实力原则**,即以实力震慑可能的**外国威胁**上。这样做的合理性在于,美国已经展示出以这一原则处理同中国的关系的坚定而且稳定的态度。

如果在今后的一段时间里,比如10~15年,甚至更长一些时间,中国的实力不断增强,中美关系的演变就会出现下面的态势。

第一阶段,在中国实力还弱于美国实力的时候,状态(Ⅰ)基本不可能,状态(Ⅲ)的可能性始终存在,状态(Ⅱ)呈现出比较多的**矛盾与冲突**,而不是和平竞争。

第二阶段,中美实力大体相当,合作行为与冒险行为都有可能增加,状态(Ⅰ)的可能性增大,状态(Ⅲ)的可能性也可能增大,状态(Ⅱ)**可能以矛盾与冲突为主,也可能以和平竞争为主**。当然,考虑到两国均拥有巨大的军事实力,矛盾、冲突的成本会很高,**大规模冲突**的成本更高,理性决策的成分应该会增加。

第三阶段,中国实力超越美国,形势出现反转。在这种情况下,状态(Ⅲ)的可能性大幅度下降,状态(Ⅰ)的可能性大大提高。

这样的演变过程说明,对中国最为有利的选择是大大缩短第一阶段,早日跨入第三阶段。第二阶段双方处于胶着状态,不宜久拖不决。总之,需要以加快提升实力为核心,主动推动阶段的转换。

在中美关系上,无论是面临状态(Ⅱ),还是面临状态(Ⅲ),中国都需要大幅度调整经济发展战略,迅速增强实力,特别是建立以本土企业为主导的创新体系、产业体系和经济体系。只有这样,才能应对国际关系变化的挑战,才能保障国家经济安全和国防安全。

国际关系不仅仅是中美关系。中国坚持"和平共处",坚持"大小国家一律平等",坚持"不干涉别国内政",坚持"不结盟"。但是,一个基本事实是,美国与很多国家结盟,在很多问题上,加拿大、澳大利亚、英国与美国协调行动,甚至是日本、欧盟,也有很多与美国一致的立场和行动。

对于广大的发展中国家,因为与中国处于类似的发展阶段,面临的挑战也比较类似,所以存在更多的共同点。与此同时,美国和其盟友也在想尽一切办法与发展中国家建立有利于自身的国际关系。广大的发展中国家需要同时处理好与中国的关系、与美国的关系、与其他国家的关系,其复杂性和不确定性也是显而易见的。

三、中国经济的演化趋势

中国经济的演化受很多因素的影响,存在很多不确定性。理论上讲,中国经济存在三种不同的演化趋势:**高速度、高质量增长,经济实力迅速提高(Ⅰ);中低速增长,实力缓慢提升(Ⅱ);经济停滞,甚至衰退,实力下降(Ⅲ)。**

对于趋势(Ⅲ),普遍的看法是可能性应该比较小,因为中国的经济有比较好的韧性,如疫情也没有压垮中国经济。另外,中国国内市场巨大,充分发挥这一优势,进行国内大循环,也可以避免趋势(Ⅲ)。

但是,趋势(Ⅲ)也并非完全不可能。在经济因素方面,如果中美短期内彻底脱钩,产业链就会在一段时间里出现混乱,特别是基础软件、高端芯片等领域。当然,这并不可怕,该来的总会来。从更为积极的视角看,这也可以成为一个真正进行自主创新、大力建设以本土企业为主导的创新体系的契机,从长远看,未尝不是一件好事。在非经济因素方面,军事冲突,包括台海局势、边防局势,也是重要的影响因素。军事冲突也会严重影响国际关系,出现一些国家联合封锁、打压中国的情况也是有可能的。

对于趋势(Ⅰ),认可的人可能不会很多。比如,在基数已经很大的情况下,高速发展的可能性还存在吗?在坚持高质量发展的情况下,能同时实现高速度发展吗?再比如,在产业安全受到重大挑战的情况下,高质量发展还能够顺利进行吗?从产业链低端向产业链高端攀升会不会受阻?

本书在后面的章节会对趋势(Ⅰ)进行更为详细的分析,基本结论是:这是最优的选择,也是可以实现的。一段时间以来,经济发展速度的下降有异常因素的影响,也有把高质量发展与高速度发展对立起来的偏颇认识的影响。当然,实现趋势(Ⅰ)需要执行有效的国家战略和企业战略,需要高水平的国家治理能力和企业管理能力。

至于趋势(Ⅱ),应该说是反映了大多数人的看法。这也容易理解:两个极端不太可能,就剩下中间状态了。本书认为,趋势(Ⅱ)是应该尽力避免的一种选择。这样一种选择,从短期看,不可避免地会把中美关系的状态(Ⅱ)持续的时间拉长,不确定性和风险加剧。实际上,后续章节的分析会说明,经济演化的趋势(Ⅱ)是可以避免的。

第四节　经济发展新阶段的主要任务和基本对策

前面的分析表明,在国际关系方面,中美**在矛盾与冲突中竞争和演化**(Ⅱ)这一状态出现的可能性最大;在中国经济的演化方面,力争实现**高速度、高质量增长,经济实力迅速提高**(Ⅰ),是最好的选择。这就基本决定了中国经济发展新阶段的主要任务和基本对策。

中国经济发展新阶段的主要任务可以具体化为"两大任务、一个重点"。"两大任务"即"迅速建成世界第一经济大国""加速建设世界第一经济强国";一个重点即"建立以本土企业为主导的技术创新体系、产业体系和经济体系"。根据前面提出的"实力原则",要摆脱目前的困境,必须做这样的选择。

一、两大任务

我们先解释"迅速建成世界第一经济大国"。这是最紧迫的任务,相比其他任务,也比较容易完成。

"第一经济大国"可以从多个维度来测量,如GDP总量,产业链的完整程度,重要产品的产量,企业的数量、大小,劳动者的数量,科学家、工程师的数量,人口的规模等。建成"第一经济大国"可以分为不同的阶段,第一步是总量成为第一,但是超出第二的量还比较少;第二步是进一步扩大总量,在人均水平上接近、达到甚至超过发达国家。

第二大任务,即"加速建设世界第一经济强国",需要的时间更长,但是也是必需的,因为单纯成为"世界第一经济大国"还远远不够。不成为"第一强国","第一大国"即使建成了,也保不住。

"第一经济强国"也可以从多个维度来测量,如GDP总量与构成(质量的反映),企业利润率,财政收入水平,重要产品的质量,行业龙头企业的数量,劳动者的质量(比如受教育程度、工作态度、工作能力),科学家、工程师的质量,人口的规模与结构(质量的反映)等。

完成"两大任务"虽然面临很多挑战,但是可以实现。对此,我们在后续各章,特别是第二章中进行更为具体的分析。

二、一个重点

一个重点,就是建立以本土企业为主导的技术创新体系、产业体系和经济体系。我们先介绍一些基本概念和基本判断。

(一)本土企业

对于什么是"本土企业",可能存在各种不同的理解。在本书中,我们把本土企业界定为经营活动由中国国内资本而非国际资本控制的在中国注册的企业。在这一定义下,有的中外合资企业,虽然中方的股份超过50%,但是企业的核心经营活动,如核心技术或产品的开发,实际由外方控制,则这些企业不属于"本土企业"。至于外资控股的企业,在本研究中,也不在"本土企业"之列。

之所以作出这样的定义,主要是考虑到这样的事实:外国政府对非本土企业的影响和控制更为严密。华为手机芯片断供,哈尔滨工业大学MATLAB软件断供,主要不是因为这些企业不想在中国做生意,而是因为它们受美国政府控制。这样定义本土企业,当然不排除如下情况:在国际关系良好的情况下,非本土企业也可以与本土企业建立良好的合作关系。

以本土企业为主导的创新体系、产业体系和经济体系。我们给出这样的定义:以本土企业为主导的**创新体系、产业体系和经济体系**,就是本土企业分布于创新活动(特别是技术创新活动)、产业活动和经济活动的各个环节,创新活动、产业活动和经济活动不会因为没有外资企业参加就受到严重影响;本土企业在技术创新和其他经济活动中形成相互支持、相互依赖的关系。

简而言之,**以本土企业为主导的创新体系、产业体系和经济体系的一个重要表现是本土的零部件使用企业愿意使用本土零部件生产企业的产品;本土的用户愿意购买本土企业生产的产品**(图1-1)。现在的情况是,在不少领域,本土的零部件使用企业能不用本土零部件生产企业的产品就不用,本土的用户能不购买本土企业生产的产品就不购买。

推而广之,本土的大学、研究所、企业和其他利益相关者愿意形成相互支持、相互依赖的关系,在科学研究、技术开发、市场开拓、人才培育等方面进行密切的合作。

在第三章中,本书会详细讨论建立以本土企业为主导的创新体系的必要性和方法。本书的基本观点是:改革开放以来,深度融入国际创新体系、产业体系和经济体系的经济发展战略,在取得巨大成就的同时,也带来了非常大的负面影响,短期看是技术被"卡脖子",长期看是以本土企业为主导的创新体系难以形成,逐步丧

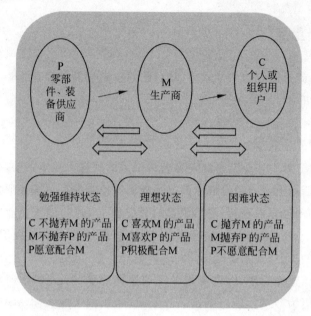

图 1-1 以本土企业为主导的创新体系、产业体系和经济体系示意图

失经济发展的主动权。彻底改变这种状况是中国经济发展新阶段的必然要求。这样的结论,一方面来自我们研究中国经济和中国企业的实践;另一方面来自其他学者的研究,特别是哈佛大学著名学者 Porter 教授的研究(1990)和著名创新学者 Lundvall 的研究(1992)。

(二) 两大创新体系

在国际关系以前面所述状态(Ⅱ)、状态(Ⅲ)为特征的情况下,中国不得不建立以本土企业为主导的技术创新体系。这也意味着,在今后相当长的一段时间里,世界上将同时存在一个以中国为主导的技术创新体系与相应的产业体系和经济体系,以及一个以美国为主导的体系。

需要特别指出的是,至少在相当长的一段时间里,这两大体系,从本质上讲是相互竞争而不是合作的关系。因为本质是以竞争为主,就需要分出胜负,双方都需要拼尽全力,争取成为胜出的一方。

这也意味着,这两大体系"脱钩"是必然的,虽然在一定条件下也会有合作和重叠。对此,没有必要回避。中国需要做的,是以强大的实力吸引尽可能多的国家加入自己主导的体系。实际上,按照哈佛商学院著名学者 Michael Porter(1991)的理论,建立以本土企业为主导的技术创新体系、产业体系和经济体系,不单纯是被"逼上梁山",而应该是一种"主动选择",因为这才是增强中国企业、产业和国家竞争优势的正确选择。

（三）科技自立自强

中国共产党十九届五中全会提出：坚持创新在我国现代化建设全局中的核心地位，把科技自立自强作为国家发展的战略支撑。2020年中央经济工作会议又把强化国家战略科技力量放在了2021年重点任务的首位。

科技自立自强与建立以本土企业为主导的创新体系是什么关系？可以这样讲，只有真正建立了以本土企业为主导的创新体系，才能真正实现科技自立自强；没有以本土企业为主导的创新体系，就不可能真正实现科技自立自强。实际上，现在的问题是，很多技术创新实现了，但是产业化困难重重，这样的例子比比皆是，包括操作系统和芯片，也包括高端装备，还包括基础原材料。

（四）"一个重点"与国际合作的关系

"一个重点"的边界在哪里？回答这个问题的原则是，"从最坏处准备，向最好处努力"。最坏处是什么呢？就是所有主要软件、芯片、零部件、原材料、装备都需要立足国内，由国内创新体系、产业体系和经济体系提供。从消极的方面讲，这可能成本比较高，存在一定的浪费。但是，从积极的方面看，只有这样才能真正掌握主动权(Porter,1990)。

最坏处出现的可能性大吗？回答是，很大。这与**国际格局的未来演化紧密相关，其中三个因素至关重要**。

一是中美关系的进一步变化，主要是美国会走到哪一步。如果美国认为可以凭借其政治、文化、经济、科技、金融乃至军事实力，对中国进行更彻底的打压，中美关系就会进一步大幅度恶化。比如，利用其在互联网、软件领域的优势，把中国排挤出互联网，在软件上实行全面断供。如果这样的事情发生了，需要如何应对？更重要的是，要不要采取切实的行动，针对这样的情况提前做好准备。

二是数字技术的性质。数字技术的优势是明显的。但是，数字技术的风险也是巨大的。从数据安全的角度看，主权国家、大企业、大机构都会对数据安全有很高的要求。一个具体问题是：是几家巨型企业为全世界提供数字技术解决方案，还是各个国家和各个单位都尽可能用自己的解决方案？这个问题的答案并不是一目了然的，后一种情况并非不会发生。如果发生了，世界范围内的"数字孤岛"就是一个现实。

三是主要发达国家的态度和选择。在中美两个大国博弈的情况下，主要发达国家必然存在一个站队的问题。在这个问题上，一种可能的误判是过于重视经济因素。很多人认为，"政治与经济可以分离""在商言商"。这会导致对重大问题的严重误判。很多时候，意识形态、政党制度、国家制度、宗教信仰，其作用远远大于经济因素。

中国人一直对"天下大同"有着执着的追求。从整个人类的发展来看,"天下大同"也应该是一种理想的追求。习近平主席2017年1月18日在联合国日内瓦总部的演讲中指出:"让和平的薪火代代相传,让发展的动力源源不断,让文明的光芒熠熠生辉,是各国人民的期待,也是我们这一代政治家应有的担当。中国方案是:构建人类命运共同体,实现共赢共享。"他同时指出:"构建人类命运共同体是一个美好的目标,也是一个需要一代又一代人接力跑才能实现的目标。中国愿同广大成员国、国际组织和机构一道,共同推进构建人类命运共同体的伟大进程。"(习近平,2017)

对于"天下大同"的实现,对于"人类命运共同体"的建立,需要有坚韧不拔的决心,同时也需要有足够的耐心。从国际经济方面看,如前所述,"自由贸易理论"的缺陷使国际化面临挑战。实际上,如果把资本流动加进来考虑,国际化的挑战就更大了。

从国际政治方面看,各国的政治制度差异巨大,对国际关系的理解千差万别,有的谋求世界霸权、地区霸权,有的信奉和平共处、共同发展;有的坚持顺我者昌、逆我者亡,有的主张求同存异、互利共赢。

从文化、宗教和历史的视角看,世界也是多彩纷呈。有社会主义,有资本主义;有佛教,有伊斯兰教,有基督教。有些国家之间历史纠葛很少,有些国家之间则历史恩怨深重。

人类充满矛盾、冲突甚至战争和流血的历史告诉我们,这些巨大的差异,即使在将来能够消除,或者至少做到"求同存异,和平共处",也将是一个非常复杂而漫长的过程。

三、四大能力

为了顺利完成"两大任务",突破"一个重点",需要提升"四大能力":科学自立自强与技术自立自强的能力,国企创新的能力,民企创新的能力,国家的治理能力。对于如何提升这"四大能力",我们在后面的章节中详细分析。

四、一些说明

有效应对经济发展新阶段的重大挑战,是不是一定需要本书提出的"迅速建成世界第一经济大国""加速建设世界第一经济强国""建立以本土企业为主导的技术创新体系、产业体系和经济体系"? 对一些其他的观点如何认识?

第一种观点是,中国经济应该完完全全、彻彻底底地融入发达国家主导的体系,并以此造成错综复杂的"你中有我、我中有你"的格局,让其他国家的打压和"围剿"无从下手。融入发达国家主导的体系也有两种方式,既可以通过"走出去"融入,也可以通过"请进来"融入。问题在于,这样的想法,理想的成分太多,并不是好的选择。

比如通过"走出去"融入,在中国本土企业能力,特别是技术能力还弱于发达国家企业时,即使能够"走出去",也只能是依附于别人。这样的"走出去"没有任何正面意义。况且,美国也在给中国企业"走出去"制造障碍,"走出去"也没有那么容易。

通过"请进来"融入发达国家主导的体系的问题更大:一是发达国家的一流企业进入中国市场越多,中国本土企业因为缺乏竞争优势失败的就会越多,失败也越彻底;二是有些发达国家的一流企业进入中国市场后,仍然听命于母国政府,在伤害中国企业的同时大赚其钱。

有人会说,抗日战争时期,中国共产党领导的军队深入敌后,与敌人形成"犬牙交错"的状态,并最终取得胜利,为什么不可以借鉴?中国共产党的敌后游击战之所以能够取得胜利,根本原因在于日本是侵略者,在民族生死存亡的严重关头,广大人民群众知道,只有坚决抗日才有一线生机,因而愿意与中国共产党领导的军队共同抗日,人民军队也得以不断壮大,不断"反包围""反围剿",并最终战胜敌人。

那时的战略同今天主动选择融入发达国家主导的体系在性质上完全不同:融入以后,有什么办法可以保证本土企业的生存和发展?在技术能力弱、被别人"卡脖子"是事实的情况下,市场竞争不会让本土企业的力量不断发展壮大,而是使其不断被削弱、消灭(Barney,1991)。广大消费者也很难有"抗日战争"那种危机感,主动抵制来自打压中国的国家的外国企业、帮助中国企业。在美国政府打压中国企业的同时,苹果、特斯拉、上海通用反而生意更加兴隆,这是非常值得深思的情况。

第二种观点是"针锋相对、强力反击",以此维护正常的贸易秩序。美国不允许华为在美国销售产品,中国也可以不允许苹果在中国销售产品。美国把中国企业列入实体清单,中国也可以出台美国企业的实体清单。美国对中国企业投资美国设置障碍,中国也可以对美国企业投资中国设置障碍。

从道理上讲,第二种观点是可行的选择。这样做,既可以清楚地表明中国的立场,也可以坚定地捍卫中国的利益,还可以防止其他国家学美国的样子。相反,只是被动地被"围剿"、被"卡脖子",甚至还进一步对美开放中国市场,结果是美国企业单方面获益,中国本土企业单方面受损,那就"太傻了"。

实际上,不只是美国企业,其他受美国制约的企业,也需要有相应的政策。比如台积电、三星,因为美国而无法正常同中国大陆企业做生意。对此,一种观点是,中国应该出台政策,所有在中国领土内做生意的,必须遵守中国的政策和法律,而不是外国政府的政策和法律。不遵守中国的政策和法律的,不允许在中国做生意。

当然,"强力反击"需要有策略,有时候硬碰硬,有时候灵活多变。但是,单纯的"强力反击"是远远不够的,解决不了中国本土企业技术实力不足、创新能力不够的问题。解决问题的根本办法,还是需要"迅速建成世界第一经济大国""加速建设世界第一经济强国""建立以本土企业为主导的技术创新体系、产业体系和经济体系"。

持第三种观点的人很少,但是也是一种观点,即中国市场足够大,完全可以关起门来自己发展。这种观点,虽然非常极端,但也不是完全没有道理。试想一下,如果整个世界就只有14亿人,这14亿人只能自己发展,不能跟外星人做生意,难道就发展不了了?实际上,把14亿人的聪明才智充分发挥出来,即使完全独立,也可以有很好的发展。

但是,第三种观点的发展方案有不少缺点。比如,美国在与中国搞经济对抗,但总体而言,别的发达国家起码现在并没有像美国那样,别的发展中国家也没有。另外,人类作为一个整体,很多问题需要共同来解决。在这种情况下,只要条件允许,与绝大多数国家和经济体保持合作,是更好的选择。

第二章
实现"两大任务"的基本思路

在第一章中我们提出,中国经济发展新阶段的"两大任务"是"迅速建成世界第一经济大国"和"加速建设世界第一经济强国"。在这一章,我们讨论实现这"两大任务"的基本思路,特别是强调高速度发展与高质量发展可以并行不悖,以及以高投入带动高增长的必要性、可能性。

第一节 迅速建成世界第一经济大国

"迅速建成世界第一经济大国"需要正确认识发展的机会和发展的战略。本书提出一个认识发展机会的新的分析框架,并以此为基础指出以高投入带动高增长的机制,分析高速度发展与高质量发展可以并行不悖的逻辑,探讨避免经济结构升级与发展数字经济中的误区。

一、加速经济发展的机会从哪里来

"迅速建成世界第一经济大国",核心是必须保持足够高的经济发展速度。那么,加速发展的机会在哪里?按照经济学的一般理论,需要在投资、出口和消费三个领域寻找。问题在于,在新冠肺炎疫情发生以前的多年里,我国固定资产投资基本上处于下降状态。出口也存在巨大的不确定性,特别是在中美关系发生重大变化的情况下,现在大家都寄予厚望的是国内消费。

但是,消费不可能凭空产生,需要以老百姓的收入增加为前提。这面临巨大的挑战,在经济发展速度下滑、企业效益难以保障的情况下,提高职工工资难度之大可想而知。也就是说,单纯在"投资、出口、消费"这样传统的分析框架中寻找发展机会很难。

2021年的经济发展数据也说明了这一点。根据李毅中先生在中新财经2021年会上的发言,2021年1—11月,"从需求上(来看),社会消费品零售总额同比增长了13.7%,这个(数字)不低,两年平均4%,这就太低了,正常的年景我回忆了一下都是8%~10%,这是从消费。从投资来讲,1—11月固定资产投资名义增长5.2%,扣掉物价指数也不剩多少,两年平均是3.9%,远低于GDP的增幅,确实是投资偏弱,所以从需求看,无论是消费还是投资都是转弱了"(李毅中,2022)。

我们提出一个新的分析框架来回答加速经济发展的机会在哪里这个问题。根据图2-1,从投入产出效率的角度看,组成国民经济的众多产业具有不同的特点:有些产业属于高投入/高产出(Ⅰ)类型,有些产业属于高投入/低产出(Ⅱ)类型,有些产业属于低投入/低产出(Ⅲ)类型,有些产业属于低投入/高产出(Ⅳ)类型。当然,不同国家的经济结构可能存在很大不同,有些Ⅰ类产业较多,有些其他类产业较多。

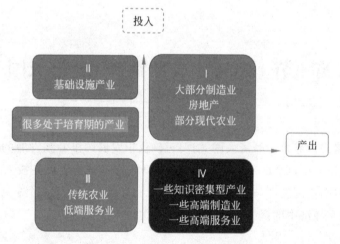

图2-1 经济增长的机会从哪里来

根据这样的分类,我国经济增长的潜力不是笼统的,也不是各个产业的平均数,而是存在于具体的、不同的产业之中,是各个产业的增长潜力的总和。考虑到在大多数产业,除了一些例外(像高铁、5G),我们同发达国家企业占有的世界市场的份额还存在相当大的差距,特别是按人均计算,因而我国经济增长的潜力遍布Ⅰ、Ⅱ、Ⅲ、Ⅳ各类产业,潜力是巨大的。实际上,特斯拉CEO(首席执行官)马斯克认为,中国的经济规模应该是美国的几倍,虽然是一家之言,但是并非没有道理。

以农业为例。众所周知,我国在不少农产品上严重依赖进口。2017—2020

年,我国进口大豆规模分别为9 553万吨、8 700万吨、8 500多万吨、1亿吨,既存在粮油安全的问题,也需要支出大量外汇,还影响农民的增收。能不能改变这种状况？一种可能性是大力发展油莎豆的种植和加工(黄森,2021)。

油莎豆有很多优点：产量高,亩产可达1 500～2 000斤；出油率高,可达15%,甚至更高；浑身是宝,除了豆果,枝叶是很好的饲料,亩产1 000斤以上；油莎豆适应性强,可以在很多地方种植。

现在的困难是,油莎豆的收获、烘干、储藏都面临挑战。比如收获,人工成本太高,经济上不合理；机械收割是方向,但是现有机械的效率还比较低,也缺乏经济性。那么,能不能通过创新、通过更大规模的投入应对挑战？对业内人士的访谈表明,这是可以做到的,关键是需要大企业的积极参与和政策的进一步支持。

需要特别指出的是,在我们提出的分析框架里,各种各样的投入(包括资金,也包括人才)是经济发展的必要条件。没有投入,就抓不住机会。实际上,没有投入,出口就没有基础；没有投入,生产就会受影响,因而也就没有消费。也就是说,在经济学的"投资、出口、消费""三驾马车"框架中,三个要素的地位与作用不是并列和均等的,投资居于主导地位。

上面的分析意味着,中国经济增长的潜力,不仅仅存在于目前人们热议的"新基建",包括5G通信、特高压、城际高速铁路和城际轨道交通、新能源汽车充电桩、大数据中心、人工智能、工业互联网等；同样存在于"传统基建",包括基础设施建设、设备更新改造、农业生产条件的改善、房地产建设、进一步的城市化等。

在这一点上,我们赞同著名学者林毅夫教授和刘世锦先生的观点。林毅夫认为,中国经济的潜力巨大(Lin,2009)。刘世锦认为：今后5～10年,都市圈和城市群加快发展是中国经济增长最大的发展潜能,释放这种"结构性潜能",每年能够为全国经济增长提供至少0.5个百分点的增长动能(刘世锦,2020)。

二、以高投入支持高速度

根据图2-1,我国经济增长的潜力遍布Ⅰ、Ⅱ、Ⅲ、Ⅳ各类产业,但是我国近几年的经济发展速度却非常不理想。实际上,按照美元计算,2015—2019年的5年里,我国GDP的增量有3年(2015年、2016年、2019年)低于美国。这也是我们面临巨大国际挑战的重要原因。为什么会出现这样的情况？

经济发展速度不理想的一个根本原因是投资不足,甚至是投资下降。2015—2019年全国固定资产投资的数字是：2015年比2014年增长9.8%,2016年下降为7.9%,2017年进一步下降为5.7%,2018年更是下降为0.7%,2019年则是－13%。如前所述,进出口受制于国际环境的变化,消费受制于老百姓的收入,在投资不振的情况下，经济发展速度只能是逐年下降。

为什么投资不足，甚至是投资下降？问题首先出在对我国经济发展模式的认知偏差上，认为通过"高投入"实现经济增长是一种"粗放的、落后的发展模式"，也是不可持续的。这种判断，存在很大的偏颇。

第一，以"高投入"求发展本身无所谓"先进"与"落后"。比如高铁建设，只要建设本身合理、有需求、有技术保障，就需要进行大规模投入。通信网络建设，无论是2G，还是3G、4G、5G，动辄数千亿，也需要大规模投入。以特高压为重要支撑的电网建设，特别是在需要大力发展新能源、为实现"碳达峰碳中和"的背景下，巨额投资也是必需的。

至于在高技术行业，创新、创业也需要"高投入"，甚至人才的培养，也是一个长期的、投入巨大的过程：比如一个博士研究生，一般需要4~5年的培养，国家付出的奖学金、助学金；如果是工科学生，科学实验的费用更是不可低估；学生个人付出的学费等，这些都是投入。

当然，有些"高投入"是"落后"的，如发展存在污染的行业等。但是，即使在这些行业，也需要考虑到这样的情况：经济的发展离不开这些行业，需要做的不是不发展这些行业，而是通过技术进步解决污染问题。在这种情况下，也需要大量的投入。再比如，在找到更清洁的能源以前，我国仍然需要依赖火力发电提供能源。这个时候，不是不发展火电，而是解决火电的环保问题。实际上，在先进的火力发电厂，环保问题已经得到很好的解决。当然，投资是巨大的，一台机组需要投入上亿元安装相关设备。

需要特别指出的是，"高耗能"行业不一定是落后产业，投资"高耗能"行业也不一定是"落后"的发展模式。相比互联网企业，如钢铁、化工、水泥都是"高耗能"行业，但是经济发展都离不开这些行业。一味地限制这些"高耗能"行业，只能是"作茧自缚"，经济发展受到人为的、不合理的限制。真正需要做的，是通过技术进步科学地降低能耗。

第二，通过"高投入"实现经济增长不可持续。从长远看，这可能有一定道理，因为发达国家走过的路表明，在高速增长后进入低增长似乎难以避免。但是，这里的前提是，发达国家已经进入低增长阶段，也即是说，增长机会没有那么多了。中国现在的情况与发达国家非常不同，还是一个人均GDP比较低的国家。如图2-1所示，我国还有很多增长机会。这时应该做的是通过投资，包括"高投入"，把这些增长机会充分利用起来。

实际情况是，在一段时间里，特别是新冠肺炎疫情发生以前的几年里，我们对经济结构升级和高质量增长的理解存在偏差，结果导致不够重视Ⅰ、Ⅱ、Ⅲ类产业，对Ⅳ类产业寄予过高的希望，在很多产业盲目"去产能"。考虑到我国Ⅰ、Ⅱ、Ⅲ类产业的规模远远大于Ⅳ类产业的规模,而且Ⅱ类产业中还包括很多处于培育期的产业,总的效果是潜力没有发挥出来,人为降低了经济发展的速度和质量。

为什么不够重视Ⅰ、Ⅱ、Ⅲ类产业,而对Ⅳ类产业情有独钟?根本在于盲目照搬发达国家的实践,甚至是错误的实践。在这些国家,特别是美国,出于各种原因,特别是对股市的偏好,低投入、高产出的Ⅳ类产业受到追捧。但是,也正因为如此,忽视了其他产业的发展,出现了严重的制造业空心化问题。

实际上,这些发达国家不是不想实现经济发展的高速度,而是实现不了:它们选择了人们"预期收益高"的以低投入、高产出为特征的Ⅳ类产业,忽略了"预期收益低"的其他类产业,因而放弃了很大一部分成长的机会。更为严重的是,这种选择、忽略和放弃的严重后果,在虚幻的股市中是难以被人们认识的;久而久之,人们反而适应了低经济增长,并认为"低增长、高股价"就是正确的"高质量发展模式"。研究表明,很多人羡慕的美国的"高质量发展模式"并不成功,2007—2016年,其年均劳动生产率提高只有1.17%,而在1948—1976年,这个数字是2.79%(Smil,2013)。

三、高速度与高质量可以并行不悖

一段时间以来,我国经济发展速度下降的一个重要原因是很多人把经济"高速度"发展与"高质量"发展对立起来,认为要实现"高质量"发展就必须把发展速度降下来。这是一种严重的误解。

第一,"高速度"与"高质量"是两个不同的概念。速度指的是经济发展的快慢,质量指的是经济发展的优劣。从企业的视角看,速度受外部市场需求与企业内部能力两方面因素的制约,是供给问题,也是需求问题。比如,如果市场需求强劲,在企业内部能力允许的情况下,速度就会快一些。相反,如果外部需求疲软甚至停滞,企业内部能力再强,速度也难以很快。

质量则不同。从企业的视角看,质量主要是取决于企业的能力,特别是核心能力(Barney,1991;Prahalad et al.,1990)。核心能力强,就可以不断推出新产品、更高档次的产品;核心能力弱,即使有市场需求,也无法满足,无法实现高质量发展。

企业核心能力的培养,如技术能力的培养,是需要时间的,所以一个企业的核心能力变化比较缓慢(Barney,1991)。这也表明,在短期内,无论速度高低,对能力的影响是不大的,因而对质量的影响也是不大的。

第二,以"高速度"支持"高质量"。这是从企业的核心能力培养看。核心能力的培养需要资源的投入,甚至是大量的资源投入。反映市场需求的高速度发展更有利于能力的提升和质量的提高,因为高速度带来更多的收益,企业更有能力投入资源、提高能力。相反,低速度必然带来低收益,因而难以对提升能力作出贡献,高质量发展也将是"水中月、镜中花"。

第三,"高速度"与"低质量"。不少人担心高速发展会导致"低质量"问题,如"污染环境"。实际上,"高速度"与"低质量"没有必然的联系。以"污染环境"为例,根本原因不在于发展速度快,而在于环境标准低,或者虽然环境标准不低,但是有法不依、执法不严。因此,办法是提高环境标准或者严格执法,而不是降低发展速度。相反,即使经济发展速度降下来了,也解决不了"污染环境"的问题。

有一句俗话叫作"慢工出细活",似乎是在说速度慢可以带来高质量。这样的理解是不准确的。"慢工出细活"的本意是静下心来把能力培养好、把质量控制好,不要把不成熟的东西拿出来。在能力具备、质量控制到位的情况下,高速发展与"慢工出细活"并不矛盾。

四、正确理解"结构升级"

对经济高速发展有疑虑的一个重要理由是,这样做不利于产业和经济的"结构升级"。其基本逻辑是:中国很多企业处于产业链的中低端,附加值不高,在国际竞争中处于不利地位,特别是有时候受制于人(比如技术上被"卡脖子"),因而需要向产业链高端迈进。

结构需要升级的结论是正确的,中国本土企业不能满足于在中低端求生存,需要占领高端、掌握主动权。问题在于,能否实现升级,与经济发展速度没有必然的联系;实现结构升级的核心是核心能力的提升,特别是自主技术创新能力的提升。没有能力的提升,即使是发展速度降低了,也无法实现结构升级。实际上,从一定意义上讲,高速发展更有利于实现结构升级,因为高速发展可以带来收益和资源,而核心能力的提升需要以资源投入为基础。

如何找到结构升级的正确方向?美国的教训值得借鉴(Dertouzos et al.,1989)。MIT 的学者在分析美国经济为什么失去竞争优势时得出的结论是,美国企业的发展战略"过时了"。这具体体现在两个方面。一是美国企业过于依赖大规模生产标准化的产品。这一做法是第二次世界大战后美国经济繁荣的基础。但是,随着别的国家的成功追赶,特别是别的国家的企业开始生产差别化、定制化的产品,美国的标准化、大规模生产模式落伍了。二是美国企业过于"眼睛向内",主要服务于国内市场,主要依赖国内的科学和技术知识与人才,对国际市场重视不够,对利用国外的科学和技术知识重视不够。

为什么美国企业的发展战略"过时了"?根本原因是企业经营管理过程中相比竞争对手的"短期行为"。比如,日本企业更为重视在产品技术和工艺技术上进行大规模投资；美国企业则更愿意进行风险小、回报快的多元化投资，包括与主业无关的汽车租赁、金融服务等。有意思的是，日本企业是从低成本的低端市场开始同美国企业展开竞争的，但是结果却是美国企业最后在高端市场也难以维持其市场地位。消费电子、轿车、机床、芯片、复印机，都是鲜活的例子。

也即是说，美国产业的衰退根子在于经济结构和产业结构升级失败，而又是其"短期行为"，包括不愿意在产品技术和工艺技术上进行大规模投资的必然结果。与此同时，日本企业则以"长期行为"为基础成功实现了从低端到高端的"结构升级"。在技术、产品、装备、生产设施、销售体系、人才培养等方面的长期持续投资是"结构升级"的基本条件。这就告诉我们，结构升级的核心是以加大投入实现能力的升级，而不是降低投入，也不是追求"虚无缥缈"的少投入、多产出。

另外，需要特别指出的是，应该尽力避免结构升级中的误区。这方面的例子非常多，本书只列举两个例子：一是出现"低端产业转移"中的"产业空心化"，二是认识不到"低端产业"的重要性。

先说"空心化"。研究表明（Smil，2013），美国的"先进技术产品"，分布于多个产业，包括：信息与通信，电子，柔性制造，高端材料，航天，武器，核能，光电，生物，医疗诊断，制药。这些产业虽然非常发达，也可以说是世界领先，但是在商业上很难讲是真正成功的。实际上，2000年，美国出口了2 225亿美元"先进技术产品"，贸易顺差大约是50亿美元。但是，2002年，变为逆差；2005年，逆差接近430亿美元；2010年，逆差超过800亿美元；2011年，逆差几乎为1 000亿美元。为什么是这样的结果？核心是产业的"空心化"，大量依靠外包生产相关产品。

再说"低端产业"的重要性。实际上，产业无所谓"高端""低端"，在此姑且用这一约定俗成的说法，"低端产业"是指那些技术没有那么密集的产业。根据Ghemawat和Rivkin对美国多个产业的研究（2006），在1984—2002年期间，不少"低端产业"其实是利润率非常高的产业。比如，在所有产业中，利润率最高的是化妆品，排位第2的是烟草，排位第3的是饮料。制药工业，作为典型的高科技产业，只能排第5。另外，出版、金融服务、银行、零售商店，都不是高科技行业，分别排在第7～10位。

五、正确理解发展数字经济

在今后相当长的一段时间里，大力发展数字技术、数字经济是共识。但是，如何正确理解数字技术、数字经济的性质和作用还有待深入，特别是不能把数字技术、数字经济当成经济发展的灵丹妙药，不能把数字技术、数字经济"凌驾于"其他产业之上。为了理解这一判断，需要从数字技术的基本概念开始。

数字技术就是把各种信息转变为二进制的代码,对这些信息进行收集、存储、传输、加工和利用。根据这一定义,数字经济就是数字技术在国民经济各种经济活动当中的全面应用和渗透。从这个角度来讲,国民经济并非一部分是数字经济,一部分是非数字经济。

同时,数字技术需要与各个行业的主导技术或者叫作基础技术紧密融合才能真正发挥作用。以汽车产业为例,发动机、变速箱、电控等核心零部件涉及机械、燃烧、电子、控制、材料等一系列行业主导技术,而数字技术在这些领域里的应用和渗透贯穿研发、制造、销售、售后的整个过程与所有环节。

无论是在传统产业还是在新兴产业,数字技术的应用和渗透、数字经济的发展都是一个重要趋势。比如以传统产业里的轿车产业为例,凯迪拉克轿车控制软件的代码从 1970 年的 10 万行发展为 1990 年的 100 万行;F-22 战斗机的控制软件代码在 2000 年的时候是 200 万行,2015 年奔驰车的控制软件复杂程度是 F-22 战斗机的 80 余倍。汽车应用软件的数字技术渗透是非常深入的(Sumantran et al.,2017)。

钢铁工业也是传统行业,数字技术的应用也非常有效。湘潭钢铁集团有限公司(以下简称"湘钢")就是应用数字技术优化生产流程的典型代表。湘钢虽然规模不是很大,但在宽厚板领域是行业领先者。公司 1958 年成立,1997 年产量达到 100 万吨,2018 年产量达到 1 000 万吨。2016—2018 年,湘钢智能制造累计立项 202 个,总投资 2.4 亿元,年均创效 2.5 亿元。数字技术的应用不但极大地改善了工人的工作条件,也使全员劳动生产率变得非常高,人均产量达到 1 250 吨。

在新兴产业里,数字技术的应用也是方兴未艾。比如华大基因,作为生物科技产业的领军企业,数字技术的深度应用是其科学研究、技术开发、业务服务的基本条件。这也是它们与数字化转型解决方案提供商国双科技紧密合作的重要原因。

上面的分析和实例也说明,数字技术的发展和应用不是对现有产业的替代,而是为它们赋能,而且这种赋能也不一定是整个企业、整个产业的完全数字化,而是需要坚持实事求是的原则,从企业资源、能力的现状出发,从企业的实际需求出发,率先在一些特定领域取得突破。相反,好高骛远,不但浪费了资源,也达不到目标。

比如,湘钢把机器替代劳动强度大而且非常危险的人工装料环节作为重点;山东东华水泥有限公司的重点是水泥熟料的生产环节;青岛双星主要是在轮胎生产环节;青岛港的选择是依托新的生产性泊位,尽可能应用先进技术(比如 5G),建设世界上最先进的无人码头,而不是把所有港区和泊位都建成无人码头。

六、正确理解避开"中等收入陷阱"

避开"中等收入陷阱"是迅速建成世界第一经济大国的必然要求。那么,避开

"中等收入陷阱"与高速度发展经济和高质量发展经济是什么关系？至少可以这样讲：健康的高速度发展有利于避开"中等收入陷阱"，高质量发展也有利于避开"中等收入陷阱"。

实际上，中国在避开"中等收入陷阱"上拥有独特优势，因为中国政府在几件事情上非常关注。一是避免巨大的两极分化，特别强调共同富裕。这有利于从需求端保持经济发展的动力。二是高度重视创新、创业，高度重视高等教育，而不是拘泥于资源型产业、传统产业。这有利于从供给端保持经济发展的活力。三是高度重视经济体系的自立自强，而不是把经济发展的主动权交到跨国公司或者外国手中。不掌握经济发展的主动权，是很多发展中国家陷入"中等收入陷阱"的根本原因。四是社会稳定、政策稳定。即使是在"文化大革命"期间，经济大波动也是例外。这同很多发展中国家政局不稳、社会不稳、政策多变形成鲜明对比。

第二节　加速建设世界第一经济强国

"加速建设世界第一经济强国"的内涵非常丰富，就是要在经济活动的各个领域加速迈进世界一流。本书只讨论四个方面的内容：世界一流企业，世界一流产业，坚持共同发展，塑造良好的国际关系。它们反映"加速建设世界第一经济强国"的微观基础、产业基础、发展模式和国际环境。

一、世界一流企业

拥有数量众多的世界一流企业是"第一经济强国"的必然要求。那么，如何定义世界一流企业？本书以企业竞争优势的来源为基础，特别是基于资源基础论（Barney，1991；Foss，1997）提出这样的观点：世界一流企业要有一流的竞争力和一流的创新力；竞争力决定一个企业的市场地位，创新力决定企业竞争力的大小。

对于企业竞争力，我们提出如图2-2所示的模型。这个模型很简单，但是涵盖企业管理，特别是企业战略管理的核心内容（理论、工具和方法）。下面对模型中的5个基本要素做一些简要的分析和说明。

（一）独特的资源

在图2-2所示模型中，独特的资源被放在了非常突出的位置，这也是资源基础

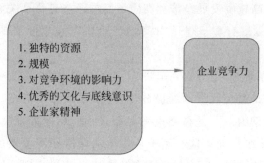

图 2-2　企业竞争力示意图

论的核心观点(Barney,1991)。具体而言,独特的资源包括核心技术、有影响力的品牌等。大疆无人机、宁德时代、远大集团等都有行业领先的核心技术。华为、中国中车、美的集团都有全国闻名的品牌。

原则上讲,对市场和竞争环境的影响力(比如巨大的市场份额、巨大的企业规模)、优秀的文化与底线意识、企业家精神,也是独特的资源的组成部分,但是由于它们的特殊性,所以单独列出来。比如企业家精神,离开了刘振亚,就很难理解国家电网的特高压;离开了马斯克,就难以理解特斯拉。

(二) 规模

规模为什么重要?按照经济学的基本原理,如果一个市场上存在无数个企业,竞争就可以理解为是近似完全的,每个企业都只能接受市场价格、接受竞争的结果,因而经济利润就是零,这就无法保证企业的可持续发展;相反,如果一个市场上只有一家或者少数几家大企业,那么企业对市场就有相当大的影响力,就可以有更多的盈利,就可以不断投入、不断创新、不断发展。当然,这时需要高度重视垄断、不正当竞争等问题。

(三) 对竞争环境的影响力

企业与环境的关系是企业战略管理中的一个重要问题。这也是一个辩证关系:一个企业如果只是被动地听命于外部环境,就谈不到强大的竞争优势,也不可能有大的作为;一个企业的发展也离不开环境,不可能让外部环境完全听命于自己。

作为大型企业、行业的领先企业,当然需要适应环境,但更需要认真思考塑造有利的发展环境。一个典型的例子是国家电网:发展特高压,成为世界一流;发展芯片产业,创造主动权。这两件事,都是国家电网在积极塑造自己的发展环境,而不是把自己的命运交给外部环境。特高压是大家熟悉的,发展芯片产业则是很多人不了解的(本书在后面会介绍)。

(四) 优秀的文化与底线意识

很多人对企业文化的重要性认识远远不够,认为文化太软,解决不了根本问题。这是一种极为偏颇的也不正确的认识。文化的核心是身份定位的确立、使命的发现,以及核心价值观的塑造。

企业文化是企业管理的重要保障。我国石油行业的"三老四严"("对待革命事业,要当老实人,说老实话,办老实事;对待工作,要有严格的要求,严密的组织,严肃的态度,严明的纪律")、"四个一样"("对待革命工作要做到:黑天和白天一个样;坏天气和好天气一个样;领导不在场和领导在场一个样;没有人检查和有人检查一个样"),就是很好的例子。试想,在这样的企业文化里,今天令很多企业焦头烂额的"战略执行"问题,还用担心吗?

还需要特别指出的是,在企业管理中,谈文化的很多,谈底线的比较少。但是,底线、理想、信念可能是最重要的。Jack Welch是世界著名的企业家,他在2001年宣布卸任通用电气公司(GE)CEO一职时在公司内部做了卸任演讲,分享了他认为关乎企业未来的10个准则,包括诚信与守法、变革不是坏事、顾客导向精神是伟大企业的特征、自信是最重要的领导才能、失去最优秀的前20%的人才是领导的失败等。

他特别指出:有人问过我最担心公司的什么事,什么会让我夜不能寐。我担心的不是我们的业务,而是有人会做出违法的蠢事,玷污了公司的声誉,并且毁了自己的前途和家人的幸福。

(五) 企业家精神

企业家精神是企业竞争优势的重要基础,甚至是最重要的基础。企业家精神的核心是"不畏艰难困苦,不惧环境恶劣,不抱怨体制机制,想尽一切办法也要开辟出一条企业发展的成功之路"。也就是说,要充分发挥企业主要领导人的主观能动性,冲破各种各样的外部约束,解决各种各样的内部问题,不断把企业发展推向新的阶段。

对于企业创新力,我们提出如图2-3所示的模型。具体而言,企业的创新力由技术创新能力和管理创新能力两部分组成。技术创新能力就是一个企业不断找到新的方法从而提高开发、获取、应用各种技术的能力;管理创新能力就是一个企业不断找到新的方法从而提高计划、组织、领导、控制企业的各项生产经营活动的能力。

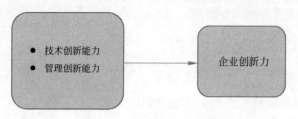

图 2-3 企业创新力示意图

技术创新能力可以从多个侧面考察：R&D 投入/产出（比如新知识、专利），新技术（产品技术、工艺技术），新产品，技术标准；对外技术合作的数量与质量等。在新的形势下，本土企业需要重点关注两点：①技术被"卡脖子"的情况；②自主开发的技术对企业竞争优势的贡献（是否企业竞争优势的重要来源）。

第一点是重要的，因为技术不被"卡脖子"，才有可能生存，才有发展的空间。第二点也是重要的，因为自主开发的技术能带来竞争优势，企业就能够掌握发展的主动权。因此，需要认真思考如何在企业内部培养强大的技术能力。现有文献中，这方面的内容非常多，在本书中我们特别强调如下几点。

第一，建立技术创新能力培养的基本条件，主要是 R&D 的组织（国家实验室、国家重点实验室、国家工程研究中心、企业实验室等），资源（人力、物力、财力）（高旭东，2007）。

第二，提高技术创新效率，包括应用技术集成方法、搞好"计划外创新"等（Burgelman，2002；Iansiti，1998；高旭东，2007）。

第三，防止出现重大失误，比如：

(1) 处理好基础科学、基础研究、应用研究、产品开发、产品生产的关系（Pavitt，1991；Wheelright et al.，1992）。

(2) 处理好技术能力培养中的"在尝试中学"（learning by trying）与"机会主义的方法"（opportunistic approach），坚持"在尝试中学"，防止"机会主义的方法"（Rosenbloom et al.，1987）。

(3) 处理好技术引进、自主创新、开放式创新的关系（各自的优缺点，特别是矛盾），把自主创新放在战略地位（Amsden，1989，2001；Kim，1997；高旭东，2007）。

(4) 处理好成熟技术与新技术的关系，高度重视成熟技术的重新发明（高旭东，2007），高度重视新技术提供的赶超机会（Gao，2019；Lee，2013；Perez et al.，1988）。

与技术创新能力类似，管理创新能力也可以从多个侧面来考察：①企业自创或者引进的提高计划、组织、领导、控制等工作的新方法的数量；②企业自创或者引进的提高计划、组织、领导、控制等工作的新方法的质量。企业自创或者引进都是可供选择的方案。但是，需要注意的是，引进并不容易。比如丰田生产方式，全世界都在学,但是真正学到家的,微乎其微。华为的人力资源管理,要点都很清楚,但是学起来也不容易。

在本书中,关于管理创新,我们特别强调如下几点。

(1) 组织与机制方面的创新,像新技术的开发和技术攻关的组织与激励;企业研究院所与生产一线的结合(高旭东,2007;Burgelman et al.,2001)。

(2) 人力资源方面的创新,像高端人才的引进与激励问题等(Mercer,1987)。

(3) 高管团队的激励与约束(Holmstrom,1999a,1999b,2005)。这个非常关键,也可以说是最核心的,特别是对国企。国企高管需要足够高的激励是必须面对的问题,国企高管的内在约束与外在约束也是必须面对的问题。

从图 2-2 和图 2-3 所示模型看,我国已经有了不少世界一流企业。特别是从规模看,在 2021 年世界 500 强中,中国已经有 143 家(含台湾 11 家),超过美国的 122 家,国家电网、中石油、中石化、华为等是其中的佼佼者。比如国家电网,不但规模大,位列第 2 位,而且拥有领先世界的特高压技术。

从品牌影响力看,中国企业还需要努力。2021 年全球品牌价值 500 强中,中国内地有 77 个,虽然远多于日本的 34 个、法国的 32 个、德国的 22 个、英国的 19 个,但是美国有 197 个,依然遥遥领先。其中,前 10 大品牌中,美国占 7 个(苹果、亚马逊、谷歌、微软、沃尔玛、Facebook、Verizon),中国只有两个(中国工商银行、微信)。

从技术创新能力看,有些本土企业,包括国有企业已经是世界一流,越来越多的企业正在走向世界一流(Gao,2012,2014,2019)。但是,本土企业技术创新能力的提高还任重而道远,彻底解决技术被别人"卡脖子"的问题还有很长的路要走。即使是现在大力提倡的"专精特新"企业,也存在技术被别人"卡脖子"的问题。

在管理方面,本土企业也已经取得了很大的成绩。比如,华为的"灰度理论",海尔的质量管理、人单合一,中兴的"森林原理"与"低成本尝试",中石油的"风险勘探",中石化的"一条龙"创新管理等。

但是,我国企业对管理创新能力的认识也存在比较严重的误区。

一是缺少辩证观点,不少企业过于迷信管理创新,把管理创新推高到一个不太恰当的位置,认为管理创新的重要性远远高于其他类型的创新,如技术创新等。实际上,重要性都是相对的,需要视具体情况而定。比如,比较容易从外部获取技术时,管理创新可能更重要一些;很难从外部获取技术时,技术创新可能更重要一些。

二是理想主义严重,很多时候沉迷于追求虚无缥缈的"理想状态"。比如国有企业改革、国有企业的治理结构,从 20 世纪 80 年代的"放权让利",到 90 年代的"建立现代企业制度",一直到今天的"混合所有制"。如果说"放权让利""建立现代企业制度"的探索成就很大的话,"混合所有制"还需要继续探索。

根据我们的研究,管理创新能力的提高需要特别关注以下问题。

第一,处理好管理创新与其他类型的创新的关系。

在当前背景下,需要特别处理好管理创新与技术创新的关系。实际上,即使没有中美对抗,在经济国际化、竞争国际化日益加剧的情况下,管理创新要世界一流,技术创新也要世界一流,否则就难以生存。

北摩高科的例子很有启发。这是一家规模不大的企业,但是管理创新有很多可圈可点之处。比如,在管理理念上,公司提出要"超越用户需求",而不仅仅是"满足用户需求";"管理创新为技术创新服务";"主动做高端",免除了"三角债"的困扰。结果是,公司的绩效非常突出,身处制造业,但是净利润率在40%以上。

前面提到的中石油的"风险勘探"也是非常成功的管理创新的例子。在中石油上市后,其油气勘探采取国际油公司通用的项目管理模式,形成了"股份公司-油田公司"两级管理体制,油公司背负严格的投资回报率考核指标,因此油田更多选择在成熟探区进行滚动勘探,但老油田附近勘探往往难以找到大的发现。要找大油气田,必须在新区新领域下功夫。

2004年,中石油作出重大决策,设立专项投资实施风险勘探。按照管理办法规定,集团公司每年安排一定的风险勘探专项资金,把新盆地、新区带、新层系和新类型中的勘探战略目标作为立项目标,力争每年实现1~2个战略性发现。

这一管理创新的效果非常明显。以西南油气田为例,企业在2005年组织召开了盆地勘探技术座谈会,会议号召地质人员"解放思想,大胆实践",大打勘探进攻仗,寻找大规模大储量。之后,四川盆地大的发现与突破均和风险勘探相关,储量大幅增长,加上产能建设快速跟进,整个生产经营不断迈上新的台阶。其中储量超过万亿立方米的安岳气田的发现就是一个典型例子。

第二,处理好企业内部能力培养与企业外部合作的关系。

如果说这个问题曾经存在很多争论和模糊,在看到我国轿车产业发展的教训后,特别是在看到外部技术封锁、市场封锁的现实后,现在应该比较清楚了:企业内部能力培养是基础,独立自主是基础;对外合作,招商引资,建立联盟,都是补充;即使是走出去,也需要以自己的实力为基础(Hamel et al.,1989;Nam,2011)。

在本土企业技术能力处于弱势的情况下,尤其需要重视过于依赖外部技术的问题。比如,Nam(2011)的研究发现,中国轿车产业寄予厚望的合资实际上局限很大,本土企业的学习不但是被动的,而且是不完全的,也可以说没有达到预期的通过合资培育出竞争能力的目的。

第三，谨慎对待变革管理。

变革、改革是高频词，但是成功的变革和改革并不容易。一个典型的例子是柯达。这是一家极为优秀的企业，曾经在长达 70 多年里在胶卷领域一直占有 80％以上的世界市场份额。但是，就是这样一家优秀企业，在数字相机时代衰亡了。为什么？流行的说法是这家企业不重视变革，在新技术来临时仍然沉迷于老技术。可能有这一因素，但是这不是根本的。实际上，1981 年索尼宣布推出数字相机后，柯达的第一反应是："My goodness, photograph is dead!（我的天哪，照片死了）!"

实际情况是，柯达认识到数码相机的威胁和机会后，采取了一系列措施，包括对数字相机技术进行大量投资，组建了新的部门，也开发出了核心技术，甚至聘请了新的 CEO。可惜的是，柯达没有认识到自己的真正劣势（生产成本降不下来），在同索尼等企业的竞争中，市场份额曾经有很好的表现，但是直到 2001 年，每销售一台数字相机就亏损 60 美元。

在这里，最为深刻的教训是：在大变革来临，如数字相机这一新技术出现时，没能把握好变革的要点（在这里，就是高质量、低成本的制造能力），因而难以取得变革的成功。需要指出的是，柯达这样的例子并不在少数，IBM（国际商业机器公司）这样优秀的企业在 AI（人工智能）大潮中也是困难重重。

对于中国本土企业而言，谨慎对待变革管理的一个重要启示是，对笼统的变革的作用不要抱有过于理想化的、不切实际的幻想。像企业的劳动、人事、分配等制度，不需要上升到"改革"的高度，就是正常的管理，没有那么"高大上"。实际上，企业真正需要的，是在技术开发、产品生产、市场开拓、人才激励等方面做实实在在的工作；特别是人才激励，不需要花里胡哨的各种"改革"，重要的是心里真正想着"财散人聚、财聚人散""以奋斗者为本""尊重每一个人"。

二、世界一流产业

提出"世界一流产业"的概念是基于两点思考：一是产业安全的考虑，二是 Michael Porter 教授关于"国家竞争优势"的研究（1990）。对产业安全的担心主要是来源于中美关系的变化，这也是提出"建立以本土企业为主导的创新体系"的主要原因。没有产业安全，就不可能有真正的世界一流企业，华为受美国打压就是最典型的例子。

根据 Michael Porter 教授的研究，一个国家的竞争优势是以有竞争力的产业为基础的，而一个产业的竞争力取决于"企业战略与产业结构、生产要素、市场需求、相关产业、随机因素以及政府政策"等组成的一个相互依赖、相互支持的体系的状况。因此,世界一流的产业必须以世界一流的企业战略与产业结构、生产要素、市场需求、相关产业、政府政策为基础。

比如生产要素,最重要的是一流的科学家和工程师,他们可以进行一流的研究与开发工作,这是强大的技术创新能力的源泉。Porter教授还特别指出,一流的研究工作需要与特定的研究领域结合起来。比如,在糖尿病领域,丹麦在全世界具有领先的优势,一个重要原因是丹麦在这个领域拥有一流的科学家和工程师。

Porter教授的研究有几点需要特别关注。

第一,在国际化时代,国家不是不重要了,而是更重要了。这是因为,一个产业的竞争优势需要在前面提到的那个相互依赖、相互支持的体系中产生。这也表明,所谓的"在全球范围内配置资源"是有条件的,在很多时候实现不了,也缺乏有效性。

第二,不要太纠结于创新的起点低,关键是要进行持续不断的创新。第二次世界大战刚刚结束的时候,日本的汽车工业远远落后于美国。但是,以丰田为代表的日本汽车产业坚持不断创新,包括找到了实现不断创新的方法(比如"精益生产方式"),终于打造出世界领先的汽车产业。

第三,取得竞争优势的理论指导不是"比较优势理论",而是"竞争优势理论"。在Porter看来,"比较优势理论",说得好听一点,是"不完全";说得不好听一点,是"不正确"。世界一流的产业是在一个国家内部通过不断的创新建立起来的。

Porter教授的研究说明,一定要科学、理性看待经济国际化,不要夸大"在全球范围内配置资源"的作用,或者说充分认识"在全球范围内配置资源"的局限性。中国一流产业的打造仍然需要认真考虑"国界"的重要性,即使是在新能源车、生物制药这些成绩很大、国际化特征很明显的产业。

三、坚持共同发展

坚持共同发展,就是要让中国人民共同参与发展过程、共同分享发展成果。这里的要点有两个:一是共同参与,二是共同分享。共同参与,就是大家一起为经济发展作出贡献。很多人失业或者主动不就业,不是共同参与。共同参与的意义是多方面的,比如成就感,在参与过程中发现、体现自己的价值。从这一视角看,劳动的确是一种权利,没有这种权利,人的发展就不可能是全面的。共同分享,就是大家共享经济发展的成果。一方面,分享要体现贡献,贡献多的分享多,否则就会挫伤贡献大的人的积极性;另一方面,分享要体现公平,不能极少数人收入极高,大部分人收入极低,否则就会影响大多数人的积极性,甚至会影响社会的稳定。

美国的情况值得高度关注。研究表明,在第二次世界大战后的23年里,美国家庭年收入翻了一番；但是，在此之后的 45 年里，美国家庭年收入的中位数只增长了 20%(Gruber et al., 2019)。这是一个令人极为沮丧的数字。在这样的收入分配结构下，即使经济增长了，社会矛盾、社会不稳定也很难避免。

中国制度的社会主义性质决定了必须保障经济公平，特别是低收入者的就业与生活。应该说，无论是计划经济时代的"低工资、广就业"政策，还是改革开放以来一直强调的"先富带后富""共同富裕"政策，都是切合实际的。党的十八大以来，通过"精准扶贫"，彻底消除绝对贫困，成绩有目共睹，特别是产业扶贫，不是简单的贫困补助，而是共同参与发展过程、共同分享发展成果的成功实践。

四、塑造良好的国际关系

建设经济强国，不仅仅是为了自己大、自己强，还需要有特殊的担当，为人类社会的共同发展作出更多贡献。特别是中国，作为世界文明古国之一，一直追求"大同世界""天下为公"，现在积极倡导建立"人类命运共同体"，更需要维护世界和平与正义，促进共同发展与繁荣。

从经济上看，任何国家都有其长处，也有其短处，因而需要"取长补短"、需要进行国际贸易。如果能够形成更加紧密的"分工与协作"关系，就可以更好地促进世界经济的发展。分工合作带来发展，这是最基本的经济学原理。在复杂的国际环境中，中国积极维护多边贸易，倡导"一带一路"合作，举办"进博会"，是高度重视与世界各国发展良好关系的积极探索。

对于经济强国而言，在经济上与世界各国建立良好的关系面临很多挑战。比如，世界历史告诉我们，"合作共赢"的理念并不是所有世界强国都认同，世界强国之间的矛盾、冲突是经常出现的事情，世界强国对弱国的欺凌、侵略也是不断发生的。特别是当经济强国看到其他国家在经济上崛起时，经常采取打压的手段。哈佛大学著名学者格雷厄姆·艾利森(Graham Allison)提出的"修昔底德陷阱"就是一个非常需要深思的现象。

经济强国之间的矛盾和冲突不仅仅源于政治家的理念不同，而是存在深厚的经济基础：企业之间，有竞争就有输赢，就有利益的得失；国内竞争如此，国际竞争也是如此(Kaplinsky,2005；Porter,1990)。如果说，在一国之内解决竞争失败带来的矛盾和冲突不容易的话，在国与国之间解决这个问题就更加不容易。也正因为如此，需要更多的国际协调，需要建立良好的国际关系，防止陷入不可控的矛盾与冲突之中。

如何建立良好的国际关系？对于经济强国来说，一个基本原则是：把其他国家的利益放在重要位置，特别是高度关注竞争力比较弱的国家的利益，尽可能贯彻

"共同发展经济、共同分享成果"的原则。

另外,建立良好的国际关系在很多时候需要以实力为基础,特别是当某些经济强国不愿意遵守基本规则、侵犯别国利益的时候。这里的实力,既包括经济实力(比如完整而安全的产业链),也包括外交实力,即团结各国维护世界秩序与正义的实力,甚至包括军事实力。

第三节　实现"两大任务"的基础条件

实现"两大任务",既是必要的,也是可能的,中国已经具备了比较坚实的基础,特别是比较坚实的产业基础和新一代创业者的出现。需要做的工作是,以已经具备的比较扎实的基础为起点,加速推进"两大任务"的实现。

一、良好的产业基础

无论是"建成世界第一经济大国"还是"建设世界第一经济强国",都需要有强大的产业支撑。在越来越多的领域,中国已经建立起具有世界优势的产业。除了人们耳熟能详的高铁、特高压、航天,更不用说钢铁、水泥、煤炭行业,中国在新能源车、能源(特别是风能、太阳能光热、太阳能光电、核能)、地铁、工程机械、发电设备等行业也已经建立起强大的竞争优势。

这些产业的一个重要特点是:已经基本形成以本土企业为主导的创新体系,即使受到外部打压,也能够独立自主地发展。以这些产业为基础,对内,可以形成更加安全的创新体系、产业体系和经济体系;对外,可以更好地走出去,进一步提升中国经济的世界影响力。

举一个例子:国家电网发展芯片的故事。国家电网是我国的特大型央企,通过自主技术创新,在特高压领域居于世界领先地位。北京智芯微电子科技有限公司(以下简称"智芯")是国家电网的下属公司,成立于2010年,首先是致力于解决电力系统的芯片安全问题,然后是在更大范围内为国家的芯片安全做贡献。经过努力,智芯已经成为我国工业控制芯片领域的领军企业,公司发展呈现出蒸蒸日上的态势。

根据我们的访谈,经过短短10年的发展,智芯已经成为我国第三大芯片设计企业、第一大工控芯片设计企业,年销售额超过100亿元,在行业内建立起了比较有影响力的品牌。在中国集成电路设计业 2019 年会暨南京集成电路产业创新发展高峰论坛上,智芯执行董事赵东艳女士荣获"第八届中国 IC 设计业企业家"称号,成为全国首位获此殊荣的女企业家。

由于智芯的快速发展,我国电力系统的芯片安全问题已经得到了一定程度的解决。具体而言,智芯的芯片直接应用在国网系统,或者应用在为国网供货的供应商提供的设备中,保障国网电力系统的安全性。与此同时,智芯正在积极采取措施,包括增加新的行业合作伙伴,使其产品线向其他行业扩展,因而也将有利于这些行业芯片安全问题的解决。

二、新一代创业者的力量

"建成经济大国"和"建设经济强国",微观基础是关键。在这一方面,中国新一代的创业者展示出了强大的生机与活力。华大基因,大疆无人机,隆基股份,宁德时代,国双科技,远大集团,万洲焊接,都是由新一代的创业者建立的企业,这些企业都在引领所在行业的发展。

以华大基因为例,20 世纪末,这家为参与"人类基因组测序"而成立的组织,现在已经成长为全世界最大的基因测序机构。更为重要的是,华大基因已经在这些方面探索出了成功的经验:在一个发展中国家,如何进行世界一流的科学研究,如何建立世界一流的产业,如何以一流的科学和技术为人类的健康作出实质性的贡献。

比如,自 2011 年起,华大基因在河北、天津、广东、湖南、山东、内蒙古、山西、河南、青海、安徽、陕西、重庆、云南、贵州、黑龙江、辽宁、江苏、浙江、江西、湖北等多地政府支持下,率先对适龄人群开展基因检测民生筛查项目,包括且不限于无创产前基因检测、新生儿耳聋基因检测、地中海贫血基因检测、HPV(人乳头瘤病毒)分型基因检测等,切实践行"基因科技造福人类",为提前实现"健康中国 2030 年"目标贡献力量。

截至 2020 年 6 月 27 日,华大基因已创造了多个民生服务的全国纪录:完成 580 多万无创产前基因检测,帮助 3 万个家庭避免了唐氏综合征等出生缺陷问题;为 485 万女性进行 HPV 分型基因检测,帮助 47 万女性提早预防宫颈癌;为 485 万新生儿进行了遗传性耳聋基因检测,将天津等地的聋哑学校生源降低 80%;为 110 万新生儿进行了遗传代谢病检测;等等。

新一代的创业者具有一些非常突出的特点:志向远大,受过非常好的教育,有广阔的视野。以华大基因的主要创始人之一汪建老师为例,他的志向就是用科学为人类健康服务,减少人们的疾病,延长人们的寿命,提高人们生活的幸福感。这样的想法从哪里来？汪建老师在上山下乡时，因为积极肯干，一年分了4 000多斤粮食，吃饭不是问题。他的体会是，物质剩余没有多大意义。但是，他对看到的农村居民出生缺陷问题非常关注。这在很大程度上影响了他后来的学习、工作和人生追求。

汪建老师出生于20世纪50年代，受到的教育也非常好，在国内上大学学的是医学，读研究生学的是中西医结合，到美国深造，先后在得克萨斯大学、爱荷华大学、华盛顿大学学习和研究。正是这样的经历，使他非常熟悉科学的前沿。

汪建老师的经历，无论是在农村下乡的经历、在国内接受高等教育的经历，还是丰富的国际经历，都使他具有广阔的视野。他关注的是"吃饱了以后"可以做的有意义的事情；他能够在基因测序领域的世界前沿发现、整合、调动各种力量，在广阔的国际舞台上与各国同行共同推动学科的发展。

第四节　关注其他国家的做法

实现"两大任务"也需要关注其他国家的做法。在中美关系发生重大变化的情况下，认真了解发达国家，特别是美国和日本的做法尤为重要。本书举一个例子，即美国、日本"以军带民""军民融合"，这是它们促进技术创新的重要经验（Mazzucato，2016；Samuels，1994）。

一、充分发挥军工产业、军工科研的引领作用

从国外做法看，无论是处于技术领先地位的大国，还是处于技术追赶过程中的大国，军工产业、军工科研是可以起到引领作用的。按照Samuels的研究，在美国，一直到20世纪60年代中期，军工技术依然领先民用技术，之后民用技术才开始领先（Samuels，1994）。实际上，民用技术也不是全面领先，在很多领域，直到今天，军工技术仍然是领先的。

在日本，到1945年战败，近代日本一直是一个军工主导、军工引领民用产业的国家。一个具体例子：1931—1932年度预算中，国防开支的比例高达31%；到1936—1937年度预算，国防开支的比例更是急剧增加到47%（Samuels，1994）。

考虑美国和日本的做法，中国可以更好地发挥军工产业在技术创新中的作用。实际上，中国的军工产业有能力进行世界一流的研究，开发出世界一流的技术。东

风系列导弹、神舟系列飞船、北斗导航系统、高分辨率卫星、天地激光通信、歼-20、运-20、新体制雷达、蛟龙号载人潜水器、国产航母、055型导弹驱逐舰,这个单子还可以继续列下去。

更好地发挥军工产业、军工科研的引领作用,一是可以在梳理"卡脖子"技术的基础上,向军工企业和其他军工单位"布置任务";二是大力支持军工企业与其他企业紧密合作。

发挥军工产业、军工科研的引领作用,需要特别强调"**市场支持**"(**实质是需求支持**)的特殊重要作用。从实践上看,中国重大技术创新真正成功、真正实现产业化的,都是有市场强力支撑的:高铁的成功是因为铁道部牢牢控制巨大的国内市场;特高压的成功是因为国家电网"一家独大"控制(企业内部)市场;TD-SCDMA(时分同步码分多址)的最终成功,进而推动4G、5G成为世界领先,是因为领导实现TD-SCDMA产业化的中国移动在中国市场上遥遥领先于中国电信和中国联通;中石油有一系列的世界领先技术,是因为中石油有巨大的企业内部市场(刘振武 等,2006)。至于载人航天、北斗、东风导弹,"市场"的支持就更不用说了——需求一直存在。相反,没有市场的强力支持,即使是技术开发成功了,也难以真正立住脚。这样的例子太多了:国产OS(操作系统)、CPU(中央处理器),都曾经被寄予厚望,也实现了产业化,但是由于不得不面对强大得多的国外竞争,特别是没有特殊的市场支持,现在都没有取得预期的效果。

从理论上看,"市场支持"之所以如此重要,是因为它们提供了技术立项、技术研发、技术成熟、技术大规模应用的基本条件,特别是技术成熟的基本条件。这是因为,任何技术,特别是复杂技术,从开发到成熟需要非常长的时间,反复实验,反复发现问题、解决问题。以地铁为例,为了实现地铁的国产化,在深圳地铁的大力支持下,长春客车厂(后更名为中车长春轨道客车股份有限公司,以下简称"长客")等国内企业前后经历了将近20年的时间,才真正完成整个技术体系的国产化。碳纤维在中国的发展,一是企业(光威集团)的不懈努力,二是国防工业(军用飞机)的市场支持(陈润 等,2020)。

二、大幅度提高对军工产业、军工科研的支持力度

为了让国防军工单位更好地承担起重任,需要大幅度提高对它们的支持力度,主要包括以下几方面。

第一,大幅度增加有挑战性的技术攻关项目的立项。

项目范围,可以是单纯的军工项目,也可以是与军工有一定联系的民用项目。军工领域的立项,以全面建立与中国国家地位相称的军工能力为指导;在一些领

域,以重大项目为依托,加速建立世界领先的军工力量。

第二,大幅度扩大军工产业的规模、提高军工产业的质量。

扩大规模和提高质量是一个问题的两个方面。在军工领域、高技术领域,没有质量,规模不可能真正上去;相反,规模太小,也无法长期保证质量的提高。

在规模方面,2020年世界500强企业中,美国有6家军工航空航天公司,即洛克希德马丁、霍尼韦尔、雷神技术、通用动力、诺斯洛普格拉曼、波音,合计销售额为3 233.2亿美元,合计利润为230.1亿美元。中国有7家军工航空航天公司,即航天科技、航天科工、中国电科、兵器工业、兵器装备、中航工业、中国电子,合计销售额为3 028.9亿美元,利润总额93.2亿美元。看起来规模差别不大,但是我国的这些企业中,包含大量的民品,2017年底的数据是,我国军工集团公司的军民品的比重大约是3比7,因此实际规模差距依然很大。至于利润,则差距更大。能不能在比较短的时间内,在规模上迅速赶上、超越美国军工企业?

第三,大幅度扩大军工和国防院校的办学规模、提高办学质量。

军工和国防院校,是中国国防力量的重要组成部分,在科学研究和人才培养方面具有举足轻重的作用。在新的形势下,为了适应军工大发展的需要,需要创造条件让这些学校进一步扩大办学规模、提高办学质量。办学规模,从本科生到研究生到博士生,乃至博士后,都需要迅速扩大,尤其是扩招博士生。

特别需要指出的是,实践证明,这些学校聚集了一大批爱国爱党、勇于奉献、能打硬仗的教职员工队伍,具有不可替代的作用。

第四,大幅度提高军费开支。

中国2018年军费开支11 069亿元人民币,约合1 745亿美元,只是美国6 490亿美元军费的26.9%。大幅度提高军费开支,就可以大幅度提高武器装备与相关产品的采购,这是发展军工产业、带动民用产业的重要条件。

三、切实提高民用产业的技术能力

民用产业中企业量大面广,具有很多优势。同时,现在军民融合的主要矛盾是民口企业技术能力不足。在这种情况下,只有切实提高民口企业的技术能力,才能实现通过军民融合创新解决"卡脖子"技术的问题。

如何提高民口企业的技术能力?

一是切实解放思想,转变思路。 从加入美国主导的技术体系和经济体系转变到建立以本土企业为主导的创新体系和经济体系上来,改变不愿意同国内高校、国内科研院所、国内零部件配套企业合作的做法,积极同它们进行密切合作,即使在这些单位的技术水平仍然低于国外企业的情况下。这是不得已的选择,也是最好的选择。

二是切实把吸引高水平人才放在应有的位置。IBM 的例子可能有启发性。在很长一段时间里，IBM 在计算机领域的地位无人可以相比，一个根本原因是其聚集了一大批优秀的人才。一个具体例子是抓住 SAGE（半自动地面环境）项目提供的机会。SAGE 项目是 1945—1951 年由 MIT 主导、主要为美国空军搭建一个利用磁芯存储的数字计算机系统。MIT 的教授 Jay Forrester 以 MIT 的林肯实验室为载体对 SAGE 项目全权负责，他意识到该项目的主要挑战是要建立一个"可靠、稳定，在设计、制造、安装环节可行"的系统——这个系统的复杂性前所未见，而且会用到一些尚未被验证的技术。MIT 选择引入外部力量去协助完成这一挑战，而 IBM 在诸多的竞争者中脱颖而出，成为 SAGE 项目的主要参与者。

为了履行 SAGE 合同，IBM 在计算机的设计和制造方面投入大量的精力进行学习。其中尤其重要的是 IBM 开发的大批量、低成本地生产高质量磁芯存储器的技术。SAGE 也是第一台利用磁芯存储器以流水线作业方式生产的计算机。IBM 在 SAGE 项目的创新极大地促进了磁芯存储器的商业化。SAGE 对 IBM 的影响远远不止其在项目实施过程中掌握的设计和生产技术，而是对整个 IBM 后期的发展发挥了巨大的推动作用。

为了很好地完成 SAGE 合同，IBM 录用了 7 000 名工程师、程序员和维护人员，其中包括当时在美国最优秀的电子工程师，而在同一时期，美国国内总的电子工程师为 40 000 名。这些人员的参与极大地丰富了 IBM 的知识储备，并成为 IBM 计算机开发的中坚力量。

四、切实增强军民互动的广度与深度

图 2-4 所示"军民融合模型"表明，军民互动的广度与深度具有重要意义。只有在广泛深入的互动中，才能发现双方共同感兴趣的话题，才能了解各自的技术特长和其他特长，才能真正了解可以融合的领域。下面是一些具体措施。

一是畅通交流渠道。军民畅通交流是双向的。但是，考虑到国防军工的保密要求，首先是进一步开放国防军工系统，如国防军工管理部门、各大军工集团，能否建立特定的网站和其他交流场所，让更多的组织和个人尽可能地展示他们的技术特长以及各种奇思妙想。这应该是比较容易做到的。

二是提高民口的决策参与度。如图 2-4 所示，有些技术是"军民通用技术"，国防军工管理部门在进行这些技术的重要决策时，可否邀请民口的单位和个人参与？

三是高度重视尖端人才的参与。国防军工涉及的领域，相对民用产业，只能说是非常窄，因而不可能把最优秀的人才都吸引过来。怎么有效利用体系外的顶尖

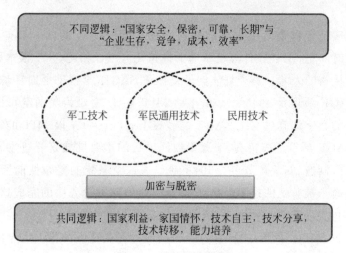

图 2-4 军民融合模型

人才？方法可以有很多，一篇题为"JASON 是谁？美国科技创新最核心的'神秘力量'"的文章介绍了美国军方的一些做法（刘少山，2020），值得借鉴。

美国军方做法的要点是：①建立了一套成熟机制使顶尖的体制外科学家可以灵活地为国家科技发展出谋献策，这套机制成功地为美国先进科技发展不断输血，为美国孵化了许多"黑科技"。②JASON 是一个具体例子，它是一个国防咨询小组，旨在促成国防部对精英科学家的直接资助与合作。从 1960 年正式成立至今，JASON 的委员不到 100 个，其中有 43 位入选美国国家科学院或工程院，8 位获得了麦克阿瑟天才奖，11 位获得诺贝尔奖。

第三章
推进"一个重点"的思路与对策

如何推进建立以本土企业为主导的技术创新体系、产业体系和经济体系这"一个重点"？本章特别强调深刻认识深度融入国际体系的利弊得失，尤其是其负面作用，以及实施三大工程即产业格局重塑工程、"卡脖子"技术突破工程、前沿技术突破工程的重要性。

第一节 深刻认识深度融入国际体系的利弊得失

本节的基本观点是：深度融入国际创新体系、产业体系和经济体系，既有好处，也有预想不到的、很大的负面影响，技术被"卡脖子"只是其表现之一。

一、融入国际创新体系的几种形式

中国企业融入国际创新体系、产业体系和经济体系是一个过程，并以多种形式实现。改革开放以来，下面一些形式比较普遍。

（一）本土企业优先采用国外的零部件、原材料、装备

对于发展中国家而言，在经济开放的条件下，这样的选择几乎是不可避免的。这又可以分为两种情况，一是面向国内市场，二是面向国际市场。

在面向国内市场、产品在国内销售的情况下，特别是在改革开放初期，企业往往更愿意使用国外的零部件、原材料、装备，即使价格更高，认为这样更容易保证产

品质量,在市场上更受欢迎。我国家电(电视机、洗衣机、电冰箱等)产业就是一个非常典型的例子,20世纪80年代就是在大量引进生产线和零部件的基础上迅速发展起来的。

在面向国际市场、产品在国外销售的情况下,使用来自发达国家的零部件、原材料、装备,也往往更容易被接受。实际上,在为国外企业配套时,使用的零部件、原材料、装备往往是被指定的。

(二)"三来一补"

"三来一补",即来料加工、来样加工、来件装配和补偿贸易,是中国改革开放初期加入国际创新体系和经济体系的重要形式(陈冀,2009)。"三来一补"的一个重要特点是,融入国际创新体系和经济体系比较浅,主要是为国际企业提供产能帮助。

(三)中外合资企业

中外合资企业,一是在中华人民共和国境内设立,二是同中国合营者共同举办。中外合资企业融入国际创新体系和经济体系比较深,国内企业对国际创新体系和经济体系的依赖比较严重,因为外国合营者往往拥有技术、管理等各方面的优势。

(四)外商独资企业

外商独资企业的重要特点是全部资本由外国投资者投资。外商独资企业对中国本土企业融入国际创新体系和经济体系的影响巨大,因为这些企业就在国内经营,更容易与本土企业进行合作,很多时候就是为本土企业提供零部件、原材料、装备等。

(五)外商投资企业

根据2019年发布的《中华人民共和国外商投资法》,外资投资企业,是指全部或者部分由外国投资者投资,依照中国法律在中国境内经登记注册设立的企业。可见,外资企业是由外商投资的企业,既可以是中外合资,也可以是外商独资。

二、融入国际体系的利弊得失

作为发展中国家的企业、作为后来者,融入国际创新体系、产业体系和经济体系是难以避免的(Ernst,2002,2009；Ernst et al.,2002；Samuels,1994)。但是,融入国际体系有利有弊。利,很容易看到;弊,往往隐藏得很深。这也容易理解,短期的利益立竿见影,长期的弊端则不容易认清。

融入国际体系的好处是很明显的,主要是短期内效果明显。比如,进口先进的装备(数控机床、光刻机),进口先进的零部件和原材料(汽车发动机、飞机发动机、高档轴承),培育强大的制造能力(传统轿车产业的生产能力)。更为重要的是,不少企业在为跨国公司进行配套的过程中提高了自己的技术能力,包括一些核心零部件、原材料的研发和制造能力。

融入国际创新体系、产业体系和经济体系的弊端比较隐蔽,最大的问题是导致对发达国家的过度依赖。实际上,即使是韩国这样已经在技术和经济追赶方面取得巨大成就的国家,在遇到日本政府和企业的技术封锁时,也会非常被动。对中国而言,弊端更为严重,因为不同于韩国和日本,它们在技术和经济追赶的过程中,国内市场是受高度保护的(Amsden,1989；Cusumano,1985；Kim,1997；Lee,2013)。中国则是很早、很彻底地开放了大部分领域的国内市场,结果就是第一章谈到的,出现了比较严重的经济安全问题,出现了技术不安全、产业不安全和品牌危机的问题。这样的负面影响是深刻的、持久的。

第一,国内几十年建立起来的创新体系需进一步强化。计划经济时代,中国经济建设的一个主要成就是建立起了独立完整的工业体系。直到现在,中国仍然拥有世界上最完整的工业体系,但是已经不是真正"独立"的了。

实际情况是,用第一章提出的 P-M-C 模型来描述,本土的零部件使用企业(M)不愿意使用本土零部件生产企业(P)的产品;本土的用户(C)不愿意购买本土企业生产的产品,P、M、C 之间不存在相互依赖、相互支持、共同发展的关系。其中,本土零部件生产企业(P)受损最为严重,因为市场需求不足,甚至是萎缩,一些企业被边缘化(比如轴承生产企业),一些企业甚至已经消失。

第二,重建新的创新体系困难重重。这是更为巨大的挑战。在原有的独立的创新体系、工业体系解体过程中,相应的能力,如零部件企业开发新技术、新产品的能力减弱了、消失了,零部件生产企业与零部件使用企业之间互动的能力也减弱了、消失了,甚至人才培养体系和人才团队也解散了。如果零部件生产企业已经消失,如何重建?即使可以重建,能力的培养也需要时间,甚至是很长的时间,严峻的国际环境还会给本土企业留出时间吗?

第二节 建立以本土企业为主导的创新体系的艰难探索

在过去的几十年里,虽然深度融入国际创新体系是主流的实践,但由于一系列因素的影响,包括自主创新政策的影响,建立以本土企业为主导的创新体系的探索一直没有停止过,也取得了一定的成效。在国家自然科学基金的支持下,我们在2013—2016年以"建立以本土企业为主体的协同创新机制的理论与对策研究"为题,进行了比较系统的研究。在此,对这一研究的研究方法与研究发现做一些简单介绍。

一、研究方法与数据收集和分析

我们选择以建立理论为目标的科学的案例研究方法(Glaser,1978;Glaser et al.,1967;Yin,1989)。之所以选择这样的研究方法,主要是由于目前还没有关于在发展中国家建立以本土企业为主体的协同创新机制的理论,也就谈不到验证这样的理论。

选定了研究方法之后,我们首先从比较熟悉的领域入手进行了初步的研究工作,包括调研下面这些案例:电信设备与服务(中兴、华为、大唐电信、中国移动等)、特高压输变电设备(国家电网、西电集团、特变电工等)、发电设备(东方电气、上海电气、哈尔滨电气)、高铁装备[中车(原南车、北车)、铁路总公司、铁科院]、工程机械(徐工集团、山推)、高档数控机床(沈阳机床、华中数控)、地铁设备(深圳地铁、长客、株洲所、株机厂)等。

初步研究的发现是,建立以本土企业为主体的协同创新机制存在三种基本形式:生产者主导(大唐电信以 TD-SCDMA 为核心建立以本土企业为主体的协同创新机制的努力,发电设备企业的努力,高档数控机床企业的努力,工程机械企业的努力)、使用者主导(比如深圳地铁主导的地铁设备国产化的例子、国家电网特高压输变电设备的例子、铁路总公司高铁装备的例子)、使用者成为生产者(中兴通讯的嵌入式操作系统)。

虽然在后来的研究中我们又发现了第四种形式,即生产者成为使用者(比如隆基股份,企业主业是生产单晶硅棒和硅片,后来进入太阳能发电领域),但我们在当时的研究中把研究的范围限定在三个例子:大唐电信主导的以 TD-SCDMA 为核心建立以本土企业为主体的协同创新机制的努力,深圳地铁主导的地铁设备国产化的例子,以及中兴通讯研发、生产、推广嵌入式操作系统的例子。作出这样的选择,一是它们具有很好的代表性,满足了以发现理论为目的的案例研究所要求的"理论抽样"(theoretical sampling)原则(不是"随机抽样")(Glaser,1978)。二是在这三个例子中,与相关企业的紧密联系与合作使数据收集的质量更容易保证,因而研究的质量更容易保证。

再接下来的工作就是深入细致地进行数据收集,包括大量的访谈。这是一个非常动态的过程,包括访谈问题的设计和不断更新。在数据收集的基础上,数据的整理和分析严格遵循从开放到聚焦、从内容到理论的原则。实际上,数据收集与数据的整理和分析不是一个机械的线性关系,而是一个循环往复的过程:数据收集是数据整理和分析的基础,数据整理和分析又为进一步的数据收集(包括访谈问题的更新)指明方向。

数据分析显示,建立以本土企业为主体的协同创新机制包括三个不同的阶段:启动阶段、过渡阶段、(成功后的)扩展阶段。多种因素(政府政策、社会环境因素、技术因素、市场因素)都会影响三个阶段的演化,但是其作用机制非常复杂,特别是非经济因素,至少是长期的经济因素在不同阶段的作用非常不同。各利益相关者(企业)的作用和行为差异非常大,特别是在前两个阶段,绝大多数企业(非主导企业)存在机会主义行为。

对数据的整理和分析的自然结果就是理论的建立:哪些因素和机制影响在我国建立以本土企业为主体的协同创新机制;这些因素和机制之间的内在联系是什么;如何理解这些因素和机制之间的内在联系。这里的关键是,一定要遵循理论的建立是一个从所掌握的数据自然而然地"长出来"(emerge)的过程这一原则,而不是单纯从现有的文献总结出来(Glaser,1978)。遵循上面的原则,本研究的数据收集、数据整理和分析的发现可以用图3-1所示的理论模型来表示。

二、建立以本土企业为主体的协同创新机制的巨大作用

研究的发现主要有三个:建立以本土企业为主体的协同创新机制的巨大作用,建立以本土企业为主体的协同创新机制的基本过程,以及非经济因素、长期经济因素与主导企业的重要作用。

我们研究的第一个主要发现是,成功建立以本土企业为主体的协同创新机制可以大大提高本土企业的竞争优势和绩效(图3-1中,扩展阶段与本土企业竞争优势的提升)。

首先,TD-SCDMA改变了全球及中国通信市场格局。在2014年7月15日

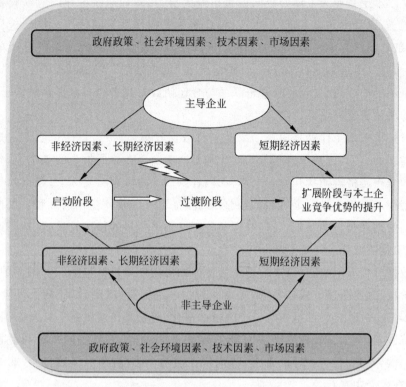

图 3-1　影响建立以本土企业为主体的协同创新机制的主要因素

"2014中国LTE产业发展峰会"上,中国移动副总裁李正茂表示,经过5年的努力,TD-SCDMA产业链取得了长足的发展与进步。截止到2014年6月,TD-SCDMA用户数超过2.3亿,建设基站49万个。李正茂介绍,"前几年,业界还有专家疑问,TD-SCDMA到底要建设多大的规模,目前已经成为全球最大的单一3G网络。"

实际上,TD-SCDMA的发展,为中国电信设备产业乃至整个电信产业的创新从初级阶段发展到高级阶段提供了千载难逢的绝好机会:帮助形成国内设备制造商和运营商相互支持的产业体系;建立以TD-SCDMA技术为核心的,包括芯片、精密仪器制造、软件、电子元器件等在内的产业链;为其在4G和5G时代的进一步发展打下坚实的基础。

在地铁设备方面,20世纪90年代,我国地铁建设主要靠进口,不但价格昂贵,而且服务非常差。以价格为例,1995年地铁进口设备的合同价格平均折合成人民币2.71亿元/千米,其中进口的地铁A型车辆每节折合人民币1 510万元。深圳地铁主导的建立以本土企业为主体的协同创新机制彻底改变了这一状况,如A型车辆每节价格在国产化之初就降低到1 000万元左右。实际上,截至2017年12

月,深圳地铁设备全部实现了自主创新,零部件的自主化率达95%以上。在经济性方面,设备的造价、运营费用、维护费用、产品零配件自给率以及节能效率等,都在国际市场具备明显的竞争优势;在可靠性方面,深圳地铁已经连续运营13年,列车运营的平均正点率超过99.8%,且未发生过行车安全事故。可以说,中国的城市轨道交通装备制造业和运营服务水平已经达到国际领先水平。

在嵌入式操作系统方面,中兴通讯在2003年启动Linux内核研究,2008年自主研发的嵌入式操作系统在公司内部实现了完全国产替代,2014年开始向其他企业销售。现在,中兴通讯嵌入式操作系统的很多关键指标(实时性、可靠性、安全性、易用性和适配性等)在业界领先,不但在国内的通信、广电、电力、机器人、轨道交通等领域实现进口替代,而且销往全球100多个国家和地区。比如在国内,某企业原本采用的是美国Wind River公司的VxWorks系统,在更换为中兴通讯系统后,产品研发周期缩短一半,新产品上市周期大幅度缩短。中兴通讯嵌入式操作系统销售量自2015年达到近2 000万块后,一直稳定发展,出货量处于国内领先地位(林敬川,2016)。

三、建立以本土企业为主体的协同创新机制的基本过程

我们研究的第二个主要发现是,建立以本土企业为主体的协同创新机制虽然存在如前所述的三种基本形式,但是其基本过程都可以分为三个阶段:启动阶段,过渡阶段,(成功后的)扩展阶段。

这三个阶段的基本特点是:启动阶段相对比较容易,扩展阶段也比较自然,但是过渡阶段充满曲折,需要主导企业投入大量的人力、物力、财力,还不一定能够成功过渡到扩展阶段。多种因素,包括技术因素、市场因素、政府政策因素等都会影响三个阶段的演化;但是,在过渡阶段,主导企业的作用至关重要,在启动、扩展阶段,各种影响因素的作用则更为均衡。

具体而言,多种因素可以启动建立以本土企业为主体的协同创新机制的过程。比如,地铁产业启动这一过程的主要因素包括:国家政策(因为建设成本居高不下,1995年国务院发文停止地铁建设,随后出台的政策是建设地铁必须通过国产化降低建设成本);个人选择(深圳地铁原副总经理简炼先生认为国产化具有重要意义,因而大力支持这一政策);地铁制造企业(比如长客)和其他地铁设备供应商认为国产化蕴含对自己有利的发展机会。

第三代移动通信技术产业启动建立以本土企业为主体的协同创新机制的主要因素包括:大唐电信,特别是其下属企业大唐移动,既有自身发展的诉求,又有贯彻执行国家大力推进自主技术创新政策的情怀;有的跨国公司(比如西门子)看到

了通过与大唐电信合作进而改变自己在 3G 上的不利处境的机会;中国政府有关部门、有的学者认为在 3G 上存在赶超跨国公司的机会,虽然绝大多数人认为机会不大。

中兴通讯启动建立以本土企业为主体的协同创新机制的因素相对简单:公司的主要领导人问自己这个问题——中兴每年需要进口那么多嵌入式操作系统,自己开发这些操作系统是不是更有成本优势?当然,这是在中兴通讯使用外部供应的嵌入式操作系统已经很久、已经积累了比较多的经验之后。

启动建立以本土企业为主体的协同创新机制的过程相对比较容易,有两个非常重要的原因,一是本土企业和其他利益相关者对当时由跨国公司主导的创新体系的问题存在比较一致的看法;二是在这个阶段各利益相关者都愿意"做个没有必要进行太多实质性投入的好人"。

跨国公司主导的创新体系的主要问题可以概括为三个方面:一是价格太高,特别是后续的备件;二是与国内企业高速度发展的配合不得力,一个原因是跨国公司节假日多、不习惯加班;三是后期维护不但成本高而且不及时。

启动建立以本土企业为主体的协同创新机制的过程比较容易的另一个原因是,在这一阶段,真正需要各个利益相关者投入的人力、物力、财力很少,甚至是基本没有。比如,TD-SCDMA 在很早的时候得到各方面的支持,主要是口头上的支持,一个重要原因是这种比较"低成本的支持"比较容易提供。当然,"低成本的支持"不等于不重要的支持。实际上,启动阶段非常关键,没有这个阶段就没有后面的阶段,因而"低成本的支持"实际上非常重要。

在过渡阶段,情况有很大不同,这时候需要切实克服一系列重大挑战,需要实质性的,甚至是大规模的人力、物力、财力投入。正因为如此,虽然存在多种影响因素,只有少数主导企业愿意承担起建立以本土企业为主体的协同创新机制的重任。

比如,在地铁设备建立以本土企业为主体的协同创新机制的过程中,两个非常令本土企业头疼的问题必须解决:一是本土制造企业的投标资格;二是如何保证本土制造企业产品的高质量,特别是可靠性。本土企业的投标资格问题是指由于后来者劣势的影响(高旭东,2007),国内普遍存在不信任国产设备的问题,因而有关的招投标政策法规和文件往往规定,投标企业的产品如果没有在实践中实际使用过就没有投标资格。这样的规定事实上完全剥夺了本土企业的投标资格。

为了解决这个问题,深圳地铁冒着极大的风险,改变了很多招投标规则。比如在高端 A 型车辆招投标中,《深圳地铁设备采购招标评标办法》规定,评委的主要职责是统计投标人的技术承诺分,只有在全体评委意见都一致的情况下才可以减分,不能加分,然后与价格分相加排出名次,推荐价格分和技术承诺分最高的(第一名)为中标人。

这个独特的招投标办法将中标的权利全部交给了投标人,基本排除了评委选择中标人的权力,同样地,招标人也放弃了中标人的选择权。通过这种特殊的招标评标竞争,长客作为一家没有生产业绩的国内企业,以价格低和技术承诺分高的绝对优势一举中标。由此,国内企业抓住了自主设计和制造高端A型车辆的第一次机遇,中国的第一批自主设计和制造的高端A型车辆用在了深圳地铁。

如何保证本土制造企业产品的高质量,特别是可靠性是另外一个必须解决的问题。这是因为,任何新技术、新产品,即使是通过国产化开发的产品,都存在一个不断成熟的过程,任何一家企业,包括国外企业,也不敢保证自己的新产品从一开始就绝对可靠。为此,深圳地铁也提出了有效的解决办法。还是以高端A型车辆为例,深圳地铁对车辆供应商的车辆,首先在没有人的夜里试用,然后在乘客很少的晚上试用,最后才投入实际运营。在这个过程中,深圳地铁与车辆供应商紧密合作,对发现的一系列问题(非常多的问题)一个一个地解决。

在TD-SCDMA这一例子中,过渡阶段更是充满曲折和艰辛。比如,如何才能吸引国内同行参加到TD-SCDMA产业链和创新链的建设中来?大唐电信采取的一个策略是,在2002年成立的TD-SCDMA产业联盟内部,与它的直接竞争对手,包括中兴和华为,分享它的核心技术。从某种意义上来讲,这是一种"自杀"行为,特别是在大唐电信的市场地位远远低于中兴和华为的情况下。但是,大唐电信没有别的选择。

为了获得政府的支持,大唐电信采取了一系列措施,其中一项措施是建立与非用户利益相关者(如著名学者、政府官员,包括退休人员、媒体人士)的非正式社会网络。例如,对TD-SCDMA优势的质疑一直存在,政府也不可能支持落后技术。为了克服这一困难,大唐电信邀请著名学者帮助。李进良教授便是其中一个典型的例子。李教授曾任中国电子科技集团公司第七研究所总工程师,做了许多研究,并写了很多论文对比TD-SCDMA、CDMA2000和WCDMA(宽带码分多址)的相对优势和劣势。李教授的一个结论是,TD-SCDMA的技术远远超过WCDMA和CDMA2000(李进良,2006)。由于李教授是无线通信领域声望很高的专家,他的研究及其发表有助于政府建立起支持TD-SCDMA的信心。事实上,李教授和他的同事们、朋友们也给中央政府高层领导写过很多信,分享他们对TD-SCDMA的理解,并建议政府对这一标准进行支持(李进良,2006,2010)。

即使是中兴通讯的嵌入式操作系统,过渡阶段也是一个充满挑战的过程(林敬川,2016)。一开始技术在内部进行推广时,遭遇了各方的较大阻力。首先,不是所有高层领导均支持操作系统的自主研发,主要从投入产出的角度持较保守或反对的态度;其次,技术团队中非Linux技术爱好者在Linux内核的研究上存在动力不足的问题,对操作系统的研发缺乏信心;最后,也是最大的难点,来自各个产品线对 Linux 技术不适用、效率低等问题所持有的抵触情绪,而这些情绪更多源于对外部操作系统的信任和对正处在研发前期的自研操作系统的信心缺乏。

为了取得公司高层管理者和部门员工以及其他产品线的支持,创新团队主要做了两方面的工作。第一,做好技术开发人员的工作。为增强技术开发人员的信心,核心团队努力调试产品让技术开发人员的使用更加方便和友好;为赢得其他产品线的配合,在公司内部大范围开办讲座和培训,并设立相关论坛对自主研发操作系统的必要性及自主产品的技术改进和性能提升进行讨论与宣传,对提出问题和解决问题的关键员工予以激励。第二,做好高层管理者的工作。多次向高层领导说明自主可控与替代的必要性及可行性,并通过技术架构和产品试点验证的方式向高层管理者证明可行性;在适度的范围和时间内成功应用 2~3 个试点产品线后,进一步积极获取高层在公司内强制应用自研操作系统的支持,以使自研操作系统在公司内部逐步实现替代。虽然在长达十多年的研发历程中波折不断,高层领导曾因操作系统成绩不显著而对团队进行过批评、分拆和重整,但是经过不断努力,通过性能优化、生态环境丰富、试点验证数据等方式,不断树立高层领导的信心,最终坚持下来并获得成功。

四、非经济因素、长期经济因素与主导企业的重要作用

我们研究的第三个主要发现是**非经济因素**,至少是**长期的经济因素**的非常重要和独特的作用。具体而言,在启动、过渡阶段,特别是过渡阶段,无论是主导企业还是非主导企业,特别是主导企业,受**非经济因素**,至少是**长期的经济因素**的影响巨大,短期的经济因素的影响居于**次要地位**,但是在扩展阶段,短期的经济因素的作用居于主导地位。

短期的经济因素在扩展阶段的作用居于主导地位是可以理解的,因为要使以本土企业为主体的协同创新机制具有可持续性,这一机制必须为各利益相关者带来经济、技术、市场等方面的实质性利益。任何组织都难以长期维持这样的状态:一方面需要大规模的人力、物力、财力投入,另一方面又没有合理的投资收益。

那么,为什么在启动,特别是过渡阶段,**非经济因素**,至少是**长期的经济因素**作用巨大,因而主导企业的作用也至关重要呢?本研究的基本结论是,两个因素需要特别关注。一个因素适用于非常广泛的场景——只有极少数企业愿意做打破现状的事情,因为打破现状,往往伴随着立马可见的损失,甚至是巨大的损失,也往往意味着巨大风险。另一个因素与中国的特点和环境有关系:中国是一个发展中国家,中国还是一个经济高度开放的国家(比如,跨国公司在中国经济中具有巨大的

影响力),因而存在巨大的"后来者劣势"(高旭东,2007),由此导致很少有企业相信以本土企业为主导的协同创新机制能够成功地建立起来。这也意味着,现实中的建立以本土企业为主导的协同创新机制很难得到利益相关者的实质性的支持。在这种情况下,**非经济因素**,至少是**长期的经济因素**的作用就具有非常特殊的意义,那些不惧怕打破现状、不惧怕承担短期的巨大成本甚至是损失(经济上、非经济上的)的企业的作用就显得极为关键。

比如,大唐电信而不是华为成为 TD-SCDMA 的坚定领导者和推动者,不仅仅是短期经济因素的作用(为了企业的生存),也是为了企业的长远发展和支持国家的自主技术创新政策——这可能与大唐电信的历史以及它的主要领导者的价值取向有关(Schein,2010)。大唐电信的前身是中国电信科学技术研究院(CATT),这一研究机构由邮电部于 1957 年组建,目的是为中国电信科学产业的发展开发先进技术。实际上,当大唐电信真正认识到自身没有支持发展 TD-SCDMA 所需的资源时,它并没有选择放弃,而是承担了持续开发的巨大风险。为了获得发展 TD-SCDMA 的银行贷款,大唐电信曾经将自己的总部大楼向银行做抵押。

大唐电信的高层管理团队对自主创新的重要性深信不疑,并承诺为自主创新做贡献。大唐电信前董事会主席兼 CEO 周寰先生曾任邮电部科技司司长。正是他在 20 世纪 90 年代中期支持使用政府经费开发了 TD-SCDMA 最重要的基础之一的 SCDMA 技术。周寰还在大唐内部建立了支持发展 TD-SCDMA 的良好环境。比如,他非常明确,他的绩效考核是由国务院国有资产监督管理委员会(以下简称"国资委")决定的,而当时发展 TD-SCDMA 的回报是有风险的、缓慢的、不确定的,因此很少有人相信 TD-SCDMA 能够成功,在这种情况下发展 TD-SCDMA 是无益于他的绩效考核的。这就是为什么许多人认为周寰对大唐电信的管理不是公司式的,而是将其作为一个国家研究机构。

五、研究发现的企业战略启示

从企业战略的角度看,上面介绍的三个研究发现有什么启示?我们认为,下面三点非常重要:①战略选择的重要性;②有效应对过渡阶段的重要性;③建立广泛的"统一战线"的重要性。

一是战略选择的重要性。从短期看,建立以本土企业为主体的协同创新机制并不能给所有企业带来实际的利益(如市场份额的扩大、收入的提高、技术的提高等)。相反,短期的付出却是实实在在的,不仅仅包括人力、物力、财力,更具有挑战性的是需要承担打破现有的创新体系可能带来的负面影响。因此,是否参加到建立以本土企业为主体的协同创新机制的过程中,是一个战略选择。正因为如此,选择参加这一过程，特别是领导这一过程，往往是基于对非经济因素，至少是长期的经济因素的"非理性"的考虑。

二是有效应对过渡阶段的重要性。如前所述，主导企业（组织）需要制定和实施有效的战略才能度过这个充满曲折的过渡阶段。比如，在发展 TD-SCDMA 标准中，为了克服巨大的后来者劣势的负面影响，主导企业大唐电信主要采取了三种战略。

大唐电信的第一种战略是建立 TD-SCDMA 与国家发展目标之间的联系。在相当长的一段时间里，技术引进是帮助中国本土企业在 1978 年经济开放之后获取技术最重要的政策。技术引进对中国经济和电信产业的快速发展作出了巨大的贡献。然而，这一政策也面临许多挑战。在这种情况下，科学技术部和国家发改委等单位开始重新思考 20 世纪 90 年代末的科技政策，中国政府最终于 2006 年决定将自主创新和建立创新型国家作为一项新政策。大唐电信认为，发展 TD-SCDMA 能够在支持中国政府提出的从主要依赖国外技术引进向鼓励企业自主创新的政策转变中起到重要作用。例如，根据对 TD-SCDMA 产业联盟秘书长杨骅先生的访谈，他认为国家发改委、科学技术部和信息产业部 2002 年决定支持建立 TD-SCDMA 产业联盟的关键原因是，政府机构确信 TD-SCDMA 能够帮助促进自主创新政策的实施。

大唐电信的第二种战略是提供决策支持。考虑到对 TD-SCDMA 激烈的争论，大唐电信意识到通过为政府提供有效的决策支持（例如充足的信息和可供选择的政策方案）来支持 TD-SCDMA 是非常重要的。前面提到的建立非正式社会网络以及李进良教授便是典型例子。

大唐电信所建立的非顾客利益相关者的非正式社会网络还通过提供可选择的政策方案对政府提供决策支持。例如，在 2005 年早期，一位著名经济学家的研究团队发表了一个报告，认为中国在发展 3G 业务方面是滞后的，政府应该尽快颁发 3G 牌照。这位经济学家同时批评了政府由于被某些利益集团左右而拒绝颁发 3G 牌照的做法。尽管这位经济学家的报告获得了很大关注，一些著名的电信技术专家包括李进良教授却指出，报告中的数据是有偏差的，计算也不精确，这位经济学家进行技术判断的技术知识是有限的。这些专家同时建议中央政府应该推迟 3G 牌照的发放。

大唐电信的第三种战略是帮助推动 TD-SCDMA 产业链的发展。大唐电信相信，以上两种战略必要但不充分。在发展 TD-SCDMA 技术和 TD-SCDMA 产业链上不断取得进步是非常重要的。其中一项重要行动是为了吸引其他企业加入 TD 产业链而分享其核心技术。例如在 TD-SCDMA 产业联盟内部，成员企业如中兴（同时也是大唐电信的直接竞争者）能够使用大唐电信的专利技术而只需要支付很少的费用,并能够获得大唐电信的技术支持。

大唐电信不仅与本地企业合作,也同跨国公司合作。例如西门子与大唐1997年开始在TD-SCDMA领域紧密合作,因为大唐电信是几个重要技术领域的领导者,如智能天线、软件无线电和联合检测等。尽管由于两个公司战略上的差异,合作于几年后终止了,但是西门子与大唐电信合作的意愿表明TD-SCDMA是一个重要并先进的技术。

三是建立广泛的"统一战线"的重要性。因为是在做一件打破常规的事情,不但难以获得利益相关者的支持,还会引致很多明的暗的反对、抵制、阻挠活动。在这种情况下,建立尽可能广泛的"统一战线"是必需的。

六、研究发现的政府政策启示

从政府政策的角度看,上面介绍的三个研究发现有什么启示?我们认为,下面两点非常重要。

一是认真考虑市场开放和市场保护的利与弊。长期以来,我国学术界乃至整个社会,对经济对外开放的有利之处有很多的认识,商务部甚至将"深度开放"刻在部机关大楼前面的大石头上。但是,对于经济过度开放的问题和负面影响,一直没有深入的认识;对于适度的市场保护的必要性和有利之处没有深入的认识。甚至存在这样的情况:一提适度的市场保护,就会被扣上保守、左、闭关锁国的帽子。学术问题变成了非学术问题。

对于中国电信设备产业的发展,很多人认为市场保护没有那么重要,因为至少华为、中兴成长起来了。这实际是个误解。首先是立足之地,20世纪80年代末、90年代中期以前,本土企业其实有比较充分的立足之地,那就是广大的低端市场。其次是市场保护。等到20世纪90年代中期中兴、华为、巨龙通信、大唐电信等在核心技术上一有突破,国家马上在政策上予以扶持。后来的TD-SCDMA,虽然存在比较大的政策摇摆,但是大的氛围是支持自主技术创新的。

二是认真考虑政策的复杂性的影响,认真对待信号的模糊性或者说相互矛盾的政策的负面影响。比如对外开放政策与自主技术创新政策。应该说,从抽象的意义上讲,这两者之间不应该有矛盾,处理好二者的关系,可以相得益彰。但是,在政策执行的实际过程中,往往是鱼与熊掌不可兼得,因为对两个政策的理解因人而异,不同单位的实际情况不同,甚至利益也不同,由此导致其都选取对自己有利的政策解释。在这种情况下,如果抓不住主要矛盾,就会出现政策打架、相互拆台的情况。

第三节　新形势下的指导思想、基本思路与主要措施

在经济发展的新阶段,建立以本土企业为主导的创新体系已经不是本章第二节研究的少数企业、少数组织的行为,而是需要成为也正在成为整个国家的行为、每个企业的行为、每个单位的行为。本节分析新形势下建立以本土企业为主导的创新体系的指导思想、基本思路和主要措施。

一、建立以本土企业为主导的创新体系的指导思想

为什么图 1-1 所示的以本土企业为主导的创新体系难以形成？核心在于,在中国本土市场高度开放的条件下,本土的零部件使用者往往更倾向于从跨国公司购买零部件,本土零部件生产者缺乏为本土零部件使用者提供零部件的机会,本土零部件生产者和本土零部件使用者之间缺乏"共同成长"的经历(高旭东,2018)。

如何才能形成"共同成长"的机制？一是充分认识既有战略的利弊得失,特别是其不利之处；二是在建立"共同成长"的机制中坚持正确的指导思想。加入发达国家企业主导的体系的既有战略的好处是显而易见的,如从跨国公司购买零部件可以少担心一些质量问题,特别是可靠性问题。问题在于,弊端是什么？被"卡脖子"的风险是需要认真考虑的因素。除此之外,从长远来看,加入以本土企业为主导的创新体系的好处可能是更重要的因素(Porter,1990)。

在建立"共同成长"的机制中坚持正确的指导思想,就是要两条腿走路,而不是一条腿走路；充分利用好两种力量,一是有远见的企业家的力量,一是政府的力量。

有远见的企业家的力量是建立以本土企业为主导的创新体系的微观基础。这种力量充满活力,即使是在国际关系发生重大变化以前,也在顽强地发挥作用。为什么特别强调"有远见的企业家"？因为建立以本土企业为主导的创新体系会遇到很多风险、挑战和障碍,绝大多数企业不会做这件事情。

深圳地铁的简炼先生是一个非常典型的例子。前面提到的深圳地铁为什么能够在地铁国产化和培育本土创新体系中取得巨大成就,一个主要原因是简炼先生所在的深圳地铁作为用户,给了国内企业创新产品的第一个机会和市场,给了创新需要的资金,给了首台套创新产品的试验场和呵护完善使创新成功必备的保障过

程。简炼先生从1998年开始担任公司副总经理,在这个岗位上干了整整21年,直到2019年退休。在他看来,地铁国产化是把深圳地铁建成世界一流地铁企业的必然选择,对整个国家地铁产业的发展也具有重要意义,因而是必须做的一件事情;困难多是意料之中的,是正常的,一个个解决掉就是了。

弘扬企业家精神、发挥有远见的企业家的作用比较容易取得共识。但是,强调政府的力量存在很大的争议。在这方面,如何取得共识?

一是向历史学习。基本事实是,中国真正成功的一些重大创新,包括电信设备(从3G到5G)、高铁、特高压,都是基于政府强力干预市场或者更准确地说是**政府创造市场**而实现的。美国在高科技领域的强大实力,包括芯片、互联网,很多都是政府培育出来的(Gruber et al.,2019)。

二是向新的理论进展学习。以新古典经济学为代表的传统经济学理论,往往把市场与政府对立起来,特别是尽可能弱化政府的作用,把政府的职能界定为在市场不能发挥作用的地方发挥作用。还有的学者更进一步,认为市场失灵的地方,政府也很难不失灵。实际上,正如邓小平讲的,市场是手段,政府干预也是手段。根据Mazzucato的研究(2016),政府的作用不仅仅是解决市场失灵问题,还可以"创造市场",在很多领域(如健康、气候变化等)比市场更有优势。

从创新的视角看,重大的创新是一个极为复杂的过程,存在很多个环节,涉及众多的利益相关者,包括企业,也包括政府,必须运用系统化的思维,综合考虑这些环节之间、这些利益相关者之间错综复杂的关系,而不是把各个要素割裂开来(Gao,2021)。

取得共识以后,还需要有切实的行动。我们在本节将通过介绍政府可以实施的三大工程,即①产业格局重塑工程;②"卡脖子"技术突破工程;③前沿技术突破工程,进一步阐述政府的具体作用。

二、建立以本土企业为主导的创新体系的基本思路

面对不同产业、不同零部件生产者与使用者之间的关系,建立以本土企业为主导的创新体系的任务和对策是不同的,需要区别情况、分类推进。根据一个产业的技术状况(如世界领先或者比较落后)和市场状况(已经成功实现较大规模的市场化或者还处于市场化的探索之中)的不同,我们提出五种基本类型:(Ⅰ)"技术水平高、市场接受程度高"的产业;(Ⅱ)"技术水平高、市场实现突破"的产业;(Ⅲ)"技术水平高、市场艰难开拓"的产业;(Ⅳ)"技术有重要突破、市场艰难开拓"的产业;(Ⅴ)"技术有待突破"的产业。图3-2中列出的是一些代表性企业和产业。

这五种类型的情况是不一样的:情况(Ⅰ)表明,在这类产业里,建立以本土企

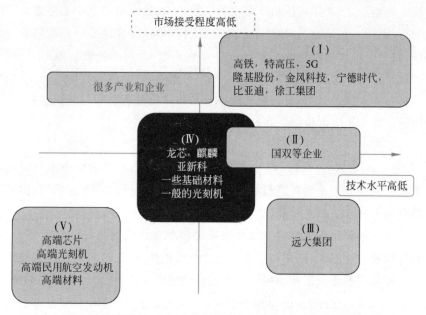

图 3-2 不同产业建立以本土企业为主导的创新体系的状况

业为主导的创新体系已经取得巨大成绩;情况(Ⅱ)表明,在这类产业里,建立以本土企业为主导的创新体系已经取得突破,未来潜力巨大,但是还有非常长的路要走;情况(Ⅲ)则表明,这类产业已经有了比较坚实的技术基础,但是市场开拓还有待突破,建立以本土企业为主导的创新体系还处于非常艰难的探索阶段;情况(Ⅳ)看起来类似于情况(Ⅲ),但是有很大的不同,比情况(Ⅲ)面临的困难更大,因为技术有待进一步提高;至于情况(Ⅴ),挑战性非常强,需要在技术和市场上实现双突破,但是也有有利条件,即容易取得共识,这不同于情况(Ⅳ)。

三、充分发挥重大工程的带动和引领作用

根据前面的分析,在这一部分我们提出三条主要措施:①充分发挥重大工程的带动和引领作用;②以重点突破带动全面开花;③对使用本土生产的零部件、基础材料、高端装备的企业进行有力度的支持。这一部分重点介绍**充分发挥重大工程的带动和引领作用**。

理论和实践都证明,重大工程对技术能力的提升和创新体系的建设具有重大的带动和引领作用(Mazzucato,2016)。无论是美国的"地面防御计划""曼哈顿工程""阿波罗计划",还是中国的"载人航天工程""北斗计划",都是非常成功的例子(袁家军,2005)。

重大工程之所以能够对技术能力的提升和创新体系的建设起到重大的带动和

引领作用,主要原因包括:①确立明确的行动方向;②提供稀缺的组织资源;③展示新的创新模式的力量。

确立明确的行动方向。市场机制会忽略掉很多非常重要的创新领域(除了国防、健康、气候变化等,对发展中国家而言,还有技术追赶和经济追赶过程中的一些重要问题),而政府发起和支持的大工程项目可以在这些领域指明行动的方向(Mazzucato,2016)。中国经济发展新阶段的一个重要特点是需要调整创新的方向,大力推动自主技术创新,加速实现科技自立自强;这是总的要求,而具体的大工程项目的实施则可以确立具体的创新领域和方向。

提供稀缺的组织资源。中国社会对自主技术创新的重要性在2006年召开全国科技大会时就已经有了比较深刻的认识,但是十几年来自主技术创新的效果有限,一个主要原因是缺乏组织资源,即缺乏站出来组织和领导自主技术创新的单位(企业、政府机构、大学等)。政府发起和领导的大工程项目可以作为解决这一问题的有效方法,这已经被计划经济时代的"两弹一星"和改革开放以来的"载人航天"等所证明(解放军总装备部政治部,2000;袁家军,2005)。

展示新的创新模式的力量。改革开放以来,在引进消化吸收国外技术的大背景下,以重大工程项目解决非军工领域、非基础设施领域的技术"卡脖子"问题和技术能力培养问题的实践非常有限。正因为如此,如果能够成功,在新的经济发展阶段,重大工程项目的地位和作用就能够被真正认识,从而起到**展示新的创新模式的力量**的效应。

鉴于重大工程的带动和引领作用,政府可以实施三大工程:①产业格局重塑工程;②"卡脖子"技术突破工程;③前沿技术突破工程。

一是产业格局重塑工程。这个工程的主要目的是在一些有条件的产业大幅度提升已经建立或者比较容易建立的以本土企业为主导的创新体系的规模、实力和世界影响力。这是主动出击而不是消极应对。中国在不少产业已经有了很好的基础,需要做的是发挥"市场+政府"力量,而不是仅仅依靠市场的力量,从而加速提升中国经济的国际竞争力和影响力。这主要涉及图3-2中的(Ⅰ)、(Ⅱ)、(Ⅲ)三种情况。

对情况(Ⅰ),重点应该是促进产业在国内外更大规模的发展,进一步强化本土企业的主导作用。这也比较容易做到,更大的需求就可以拉动产业的发展。因此,政策的着力点需要放在扩大需求方面。比如,对内,出台新的产业政策,以特高压为基础,大规模实现风电、太阳能对火电的替代;这也有利于提升相关企业在世界市场的份额和影响力。在新能源汽车领域,可以出台类似的政策。

对情况(Ⅱ),重点应该是加速对国外产品,特别是风险大的产品的替代,尽快把市场规模做大,真正确立本土企业的主导作用。这也比较容易做到,因为在美国打压的新形势下,国人对本土技术和产品的抗拒大大降低了。真正需要做的,是加速这一过程,突破企业自然增长的限制,尽快释放潜力,尽快上台阶。从具体措施看,对于符合条件的企业,一是提供更多的资源(特别是金融资源)支持,可以是国开行(更有可能),也可以是商业银行;二是提供更多的市场支持(国家采购、国企支持等)。

对情况(Ⅲ),重点应该是通过各种示范项目,特别是政府主导或者支持的示范项目,尽快取得市场突破,大大加速建立以本土企业为主导的创新体系的过程。虽然潜力非常巨大,如远大集团的芯板材料,但是情况(Ⅲ)的困难会非常大,因为这几十年,无论是在思想上,还是在能力上,很多人已经被传统经济学深刻地"洗脑"和"缴械",对政府干预经济已经非常陌生了;至于政府干预经济的资源,也是捉襟见肘。

下面是一些具体的例子。

能源、新能源产业。在这一领域,无论是国企(中石油、中石化、中核、中广核、国家电网),还是民营企业(隆基股份、金风科技),都是领先世界的企业,完全可以通过更为积极的新能源政策,大大提升新能源产业规模,进一步扩大出口,牢固确立我国能源产业在世界上的引领地位。在"双碳"背景下,在能源、新能源产业实施产业格局重塑工程尤为重要。

基础软件。在经济发展的新阶段,这是一个极为重要的领域,也是一个仍然相当薄弱的领域。与此同时,一些企业已经取得重要突破。国双科技是一个例子,在基础软件领域(特别是数据仓库、工业互联网)已经有了相当的基础,数据仓库技术世界领先,完全可以首先在国内大规模发展起来,进而在这些领域重塑世界产业格局。切入点可以选择在更多的央企进行试点,替代跨国公司的产品。

新能源汽车。在传统轿车产业,我国企业非常被动,基本上是被跨国公司牵着鼻子走。但是,在新能源汽车领域,宁德时代和比亚迪的电池生产在世界上具有重要地位,百度的自动驾驶软件在世界上也具有重要影响。如果能够以此为基础,大大加速整个新能源汽车的发展,我国就可以在这样一个新兴的、巨大的产业领域引领世界。

生命产业。以华大基因的相关技术为基础,建立世界领先的"万命互联"产业。这既包括基础设施如基因库、高通量的病毒检测实验室、基因测序中心等的建设,也包括具体疾病如唐氏综合征的诊断、高科技农业的发展等具体应用。

新材料。新材料是一个很大的领域,发展也不平衡,但是也有重要突破。比如,以远大集团世界领先的芯板技术为基础,有望重塑不锈钢制造、住宅建设、道路桥梁建设、汽车制造等产业的世界格局,并形成新的产业增长极。因为企业已经有了核心技术领先世界的优势,政府推动这件事情并不困难。可以考虑由远大集团与主要用户共同编制不锈钢芯板建筑、路桥、车船、风电应用标准,出台芯板材料技术及应用标准,给予产业政策支持,提供一定的低息贷款。

二是"卡脖子"技术突破工程。对于图3-2所示的情况(Ⅳ),一方面需要进一步提高技术水平;另一方面,也是更重要的,是要大力推动市场突破。市场突破的困难很大,或者由于国外产品没有被禁运(至少是没有完全禁运),对国外产品仍然抱有希望/幻想,或者由于本土企业产品的劣势,相比国外产品,技术水平(特别是可靠性)甚至价格,都不占优势。这些历尽千辛万苦才取得相当技术突破的本土技术和产品得不到大规模的应用,特别是不能进入不断发展、不断壮大的良性循环,导致在相当长的时间内,不少产业都会被跨国公司牢牢控制。我国庞大的轿车工业就是一个典型的例子。以亚新科的"共轨系统"为例,虽然技术突破很多年了,但现在也只是参与一些边边角角的市场。据业内人士讲,随着无人驾驶的发展,我国本土企业的处境会更加艰难,特别是零部件企业、软件企业,甚至会被完全排除在主要供应商之外。

现在看来,解决这个问题最有效的办法是采取"非市场手段",比如,采取有效措施,鼓励、要求有关企业在采购核心零部件时,必须给本土企业留下足够的市场份额。这是中国3G成功,进而带动4G、5G走向世界领先最宝贵的经验。很显然,这样的"非市场手段",也会遇到非常大的阻力,需要特殊安排、特殊机制。

这就告诉我们,情况(Ⅳ)的核心是首先解决市场问题、生存问题,然后不断升级。这非常困难,但是按照前面提到过的Porter教授的理论(1990),起点低一些不要紧,关键是要不断地创新;只要建立起本土零部件企业和本土整机企业之间的联系,不断地快速迭代,就可以迅速解决"卡脖子"问题。

情况(Ⅴ)看起来是最困难的,因为既需要通过"技术攻关"尽快取得技术突破,还需要适时安排市场突破。但是,也不尽然。比如,其更容易达成共识,因为国际压力、国际禁运,没有别的选择。

以让人们非常费神的高端芯片产业为例,既然基本共识已经形成,那就下决心建立**完全自主**的高端芯片产业链。可以采取大企业引领的模式:挑选1~2家大型用户,让它们担负特殊使命。开始的起点不一定太高,如从28纳米开始,但是迅速迭代、迅速提升。这里的核心要求是大型用户企业的"一把手"要政治过硬、能力过硬;在此基础上,政府给予挑选出来的企业全方位的支持。

类似情况(Ⅳ),对情况(Ⅴ),政府需要做的最主要的事情是为有关企业创造市场,或者帮助有关企业获得市场。市场拉动,特别是持续的市场拉动,比提供资金等要有效得多。我国企业、科研机构不是没有研发出操作系统和芯片(如中科红旗、龙芯等),但是成效不大,核心问题是过于相信市场竞争,政府没有提供可靠的市场支持,因而有关企业只能在自发的市场中勉强维持,更多的是自生自灭。

政府创造市场或者帮助获得市场的形式可以多种多样，如直接的政府采购，又如军事订货。订货量大当然好，其实稳定的小订单也可以发挥大作用，特别是在创新的早期——起码这样的稳定订货可以维持创新的连续性，等市场足够大了，市场力量就可以接过去了。这也是美国以军方订货促进技术创新和经济发展的成功经验。

实施"卡脖子"技术突破工程需要大量的投入，可以多渠道筹集资金，包括财政资金，这个数量有限，但是也可以发行相当数量的国债；也包括政策性银行，如国开行，潜力巨大，既可以低息贷款，也可以对创新型企业适当进行股权投资；还包括撬动社会资金，划定政策支持的产业和重点企业，社会资金就会跟过来。

三是**前沿技术突破工程**。在严峻的国际形势下，中国需要在一些经济和军事技术领域，即使是很少的领域，迅速动员特殊力量，加速进入世界前沿，建立压倒性优势。为此，可以借鉴美国在第二次世界大战时期为了超越德、意、日而进行的成功实践，以中国最顶尖的大学，特别是军工和国防院校为核心，下达特殊任务、给予特殊支持，取得特殊突破。

为了让这些院校完成交办的特殊任务，需要让其明确这些任务的性质，落脚点是实实在在的、世界领先的技术，不是一般的基础研究。对这些院校党政"一把手"的考核，关键是看任务的落地，规避论文导向。

MIT是很好的例子。MIT深度参加了第二次世界大战期间美国军事技术的研究工作，从雷达到飞机火力控制系统再到数字计算机。在这个过程中，MIT的学生培养力度也大大加强。比如由NDRC（国防研究委员会）支持的、在MIT的辐射实验室进行的研究，特别是雷达研究。该研究于1940年10月正式启动，美国20%的物理学家在这个实验室工作过，仅次于曼哈顿工程(Kaiser, 2010)。

四、依靠"靠谱"的人和组织实现重点突破

建立以本土企业为主导的创新体系是一件新鲜事情，是一个充满挑战的过程。正因为如此，需要在选定的重点领域充分发挥"靠谱"的重点组织（企业、高校、科研院所）和重点人的作用，首先在点上取得突破，起到示范作用，进而带动全面开花。

我们的研究表明，发挥"靠谱"的人的作用是最关键的。比如前面提到的深圳地铁原副总经理简炼先生，在21年的时间里，他历尽千辛万苦，为我国地铁设备的国产化立下了汗马功劳。没有人要求他这样做，这样做是他基于一种信念：要用国产设备建设世界一流的地铁系统。

我国电信设备为什么今天能够在世界上处于领先地位？一个最重要的原因是大唐电信的周寰、李世鹤、唐如安等企业家的远见、担当和拼命，是他们在艰难困苦

环境中的长期坚持,实现了第三代移动通信技术 TD-SCDMA 开发和产业化的重大突破,为后续 4G、5G 的进一步发展奠定了基础。

哈尔滨工业大学的老校长杨士勤先生是另外一个例子。在他担任校长的 17 年间,哈尔滨工业大学不仅为我国航天各大研究院、所、基地输送了数万名优秀工程技术人才,而且以"举校体制"攻关完成了数百项航天等领域的重大"卡脖子"工程技术难题,数十名大师级科学家在这些重大工程中脱颖而出,2019 年获得国家最高科技奖的刘永坦教授就是其中的代表人物之一。

在重点组织中,需要特别强调大型央企的作用,不但因为它们是行业的龙头,具有巨大的内部市场,更重要的是它们有使命担当,可以在关键时刻发挥排头兵作用。重点高校和科研院所的重要作用与大型央企类似。

五、提供有力度的支持和奖励

无论是图 3-2 中的情况（Ⅳ）还是情况（Ⅴ）,核心都是要让本土的整机企业愿意使用本土生产的零部件。为了改变这一状况,一是依靠少数真正有远见的企业家,主动使用本土生产的零部件,主动建立以本土企业为主导的创新体系（这是基础,因为真正有远见的企业家是少数,真正优秀的企业也是少数）；二是对更多的企业提供实质性的市场、税收或者贷款支持,激励它们使用本土生产的零部件——如果能够做到,创新的大环境和条件就会大大改善,创新效果也会更好。

第四章 科学与技术的自立自强

经济发展新阶段的一个重要话题是"科技自立自强"。没有"科技自立自强",就难以顺利实现经济发展新阶段的各项任务。但是,"科学自立自强"与"技术自立自强"是两个既相互联系也存在重大区别的概念,遵循不同的逻辑。本章讨论实现"科学自立自强"与"技术自立自强"的一些核心问题。

第一节 基本概念

在这一节,我们对一些基本概念,包括科学、技术、科学与技术之间的关系,"科学自立自强","技术自立自强",做一些基本的界定。

一、科学与技术之间的关系

科学,包括基础科学和应用科学。前者是关于自然、社会和人类思维规律的知识和知识体系,后者是关于解决特定问题的知识和知识体系。技术,是指可用于开发产品、服务以及生产这些产品、提供这些服务的理论知识、实践知识、技能和人工制品(Burgelman et al.,2001)。

那么,科学与技术之间是什么关系呢?

(一)科学是技术的重要基础

从根本上讲,如果科学原理不清楚,技术的进步终究会受到制约。没有对生命演化和疾病的科学认识，很多药物的开发就无从谈起。没有对半导体性质的深入认识，芯片工业的发展就无从谈起。没有对大跨度结构的力学认识，很多建筑就不可能成为现实。

（二）对技术的探索可以推动科学的发展

科学认识不是凭空产生的，各种实践，包括科学实验，也包括对技术的探索，都是科学进步的重要途径。对青霉素的科学认识，对青蒿素的科学认识，都是很好的例子。

（三）科学与技术在互动中发展

科学与技术的关系，一般都不是单向地从科学到技术或者从技术到科学，而是在互动中发展（Rosenberg, 2010）。IBM是一个非常典型的例子。在很长一段时间里，IBM的理念是"短期的应用研究和长期的基础研究是相辅相成的关系"。也就是说，要围绕产品创新进行基础研究，通过基础研究促进产品创新。比如，光学存储方面基础研究的进展有助于磁盘驱动器的更新换代，磁盘驱动器的更新换代又需要光学存储方面基础研究的支持（布德瑞，2003）。

哈尔滨工业大学复合材料研究所也是一个很好的例子。前所长杜善义院士认为：只走理科的路子，完全脱离工科不见得能培养出好的科学家；光按照工科的路子，完全脱离理科也不见得能培养出好的工程师。理工结合，才能培养出真正的科学家、真正的工程师。正因为如此，复合材料研究所坚持这样的发展思路：用力学新的理论和方法去解决复合材料、新材料应用中的问题；在做应用与工程项目过程中，不断总结、发现、提出科学与理论问题。这样做的结果是，复合材料研究所既有服务国家的重大应用项目，又有探索新知识的基础研究项目。实际上，哈尔滨工业大学在很多领域的工程优势都是以深厚的理论研究为基础的：新体制雷达技术，激光技术，金属材料成型与加工技术，大跨度空间结构技术以及水处理技术等，都是很好的例子。

（四）科学与技术在时间上的不同步

时间上的不同步是科学与技术之间关系的一个非常重要的特点（Rosenberg, 2010）。前面提到的青蒿素是一个很好的例子。按照屠呦呦女士的说法，青蒿入药，最早见于马王堆三号汉墓的帛书《五十二病方》；而她所在的中医研究院抗疟药研究团队在1969年开始抗疟中药研究，1971年工作重点集中于中药青蒿，1972年11月成功分离得到抗疟有效单体化合物的结晶，后命名为"青蒿素"；1972年12月开始对青蒿素的化学结构进行探索，并确定了其化合物分子式。

从科学到技术的路也可能很长。利用核聚变解决人类对能源的需求,一直是人们的梦想。虽然核聚变的原理早已为人所知,苏联在1954年就建设了第一个托卡马克装置,但是直到今天,梦想也没有实现,近期也很难实现。

(五)科学强与技术强不一定重合

从历史看,一个非常重要的现象是:在一定时间里,一个国家科学强不一定技术强,技术强也不一定科学强。以美国为例,第二次世界大战爆发时,美国已经成为当之无愧的技术强国;但是,成为一个真正的科学强国,则是第二次世界大战以后的事情了,最多是第二次世界大战之中发生的事情(Buderi,2000;Kaiser,2010)。

英国、日本的例子也非常值得关注。英国的科学一直非常发达,可以说它是一个科学强国,但是很难讲是一个真正的技术强国。日本则相反,在其追赶过程中,技术能力迅速提高,但是科学上的成就则没有那么突出,不断出诺贝尔奖获得者则是最近的事情。

实际上,即使在美国成为科学强国和技术强国以后,很多学者发现,美国并没有把它的科学优势充分转化为技术优势。整体而言,日本在科学上落后于美国,但是日本在充分利用已经存在的科学知识,包括发源于美国的科学知识方面,做得远比美国要好(Dertouzos et al.,1989;Rosenbloom et al.,1987)。

二、科学自立自强

科学知识具有"公共产品"的属性(Rosenberg,2010)。在这一属性下讨论"自立自强",似乎有些矛盾,因为既然是"公共产品",大家都可以学习和使用。同时,大家也都有义务贡献科学知识。

实际上,科学知识还有另一属性,即它可以为企业的应用研究和技术开发提供支持。正因为如此,行业领先企业,特别是以科学为基础的行业领先企业,都把基础研究放在极为重要的位置(Henderson,1994;Mowery et al.,1989;Rosenberg,2010)。

上面的分析表明,科学自立自强至少有两层含义:一是要成为科学中心,创造科学知识,为人类的进步作出应有的贡献,不能总是享受别人的科学成果;二是为技术自立自强打下科学基础,这也是当前很多人强调要大力加强基础研究的主要原因(之一)。

对中国而言,什么是科学中心?如果只是从论文发表数量看,可以说中国已经是世界科学中心之一。但是,从基础研究的质量看,还需要做很大的努力,虽然中国学者的高被引文章也已经世界领先。这从 *Nature*、*Science* 公布的历年年度10

大科学发现和10大科学突破的来源就可以看出。

至于为技术自立自强打下科学基础,也还有很长的路要走。一个大家熟知的例子是,华为的任正非先生在2020年11月10日C9高校校长一行来访座谈会上指出:要正确认识科技创新的内涵,大学要搞好科学研究,努力让国家明天不困难。如果大学都来解决眼前问题,明天又会出来新的问题,那问题就永远都解决不了。

另外一个例子是,一段时间以来,在国家政策的大力支持和市场需求的有力拉动下,中国的生物医药产业突飞猛进。但是,产业繁荣的背后,科学的支持主要还是基于国外的研究,中国市场主要是提供了非常有利的产业化条件(梁天风,2021)。

三、技术自立自强

为什么要提出"技术自立自强"?从理论上讲,主要有两个原因,都与技术的性质有关。

第一,技术不同于科学,不是"中立的",而是可以深刻影响企业在市场上的地位,从而影响一个国家的国际地位。这同前面提到过的资源基础论等理论是一致的(Barney,1991)。

技术"非中立"的性质也说明,技术引进、对外合作有其天然缺陷;在发生利益冲突时,如技术引进方的竞争力越来越强,威胁到技术输出方的地位,技术引进方在技术上被"卡脖子"就成为非常自然的事情。

第二,技术的成长和演化存在很强的"路径依赖",很多时候先发优势非常明显。与此同时,从一条技术路径跨到另一条路径也存在很大障碍。这同样说明,技术引进、对外合作有其天然缺陷,起码对行业领先者而言,技术能力培养必须走自己的路(Burgelman et al.,2001)。

技术的上述两个性质表明,实现技术自立自强,就是要坚持"独立自主",就是要通过"自主技术创新",掌握技术进步的主动权。正如陈至立指出的(2005):"自主创新是破解关键技术受制于人难题的战略安排。多年来的实践已经表明,真正的核心技术是买不来的。在发展技术特别是战略高技术及其产业方面,必须强调国家意志。通过自主创新掌握关键技术,提升关键产业水平,应当成为新时期我国技术进步的基本立足点……自主创新是破解提升国家竞争力难题的重大部署。当前,经济全球化,特别是生产要素的全球配置,促进了科学和技术在全球范围内的流动,为发展中国家加快技术进步提供了新的机会和可能。但是,技术创新能力是组织内产生的,需要通过有组织的学习和产品开发实践才能获得。我国的产业体系要消化吸收国外先进技术并使之转化为自主的知识资产,就必须建立自己的创新队伍和自主开发的平台,进行技术创新的实践,掌握核心技术。只有这样才能真正提高国家的竞争力。"

也就是说,技术自立自强的核心是自主技术创新,是"以形成拥有自主知识产权的技术和产品为目的的科研活动"(高旭东,2007)。具体而言,就是要进行两种类型的自主技术创新:原始性创新与模仿创新。原始性创新就是开发别人还没有开发出来的技术或产品;模仿创新是通过观察、分析、使用别人已经开发出来的技术或产品,消化吸收后开发出类似的或改进的、拥有自主知识产权的技术或产品。

第二节 实现科学自立自强的基本思路

科学的大发展、大繁荣,是个人、组织(大学、研究机构、企业)、政府、社会共同作用的结果。实现科学自立自强,也需要认识这些不同层面存在的问题和可能的解决办法,包括避开一些陷阱,如单纯以大团队攻关的方式推动科学革命。

一、个人层面

从个人层面分析科学自立自强是很自然的选择。以大学教师为例,有三个问题很重要:第一,真心喜欢做基础研究吗?第二,有条件做基础研究吗?与之相关的是第三个问题,即第一个问题与第二个问题哪个是主要矛盾?

第一个问题似乎很容易回答,作为教师,应该真心喜欢做基础研究。其实不然,因为教师面对的选择很多,包括:在科研与教学之间分配时间,在科研与行政和公共服务之间分配时间,在科研与服务社会之间分配时间,在科研与"挣钱"之间分配时间。

更为重要的是,即使是花主要精力专心做科研,也有一个重要选择:是几十年如一日,长期坚持在一个或者极少数领域深耕,还是为了抓住各种机会,涉猎多个领域。

第二个问题似乎也很容易回答,那就是:条件有待改善,甚至是亟待改善,包括待遇有待提高、填写各种表格太多、各种检查太多、经费使用有太多限制、各种会议太多,甚至科研选题也会遇到各种限制。

第三个问题不太容易回答。但是,根据我们多年的研究,总体上可以作出这样的判断:起码对不少重点大学来讲,特别是对研究能力很强的教师而言,第一个问题是主要矛盾。也就是说,**如果个人坚定地选择静下心来搞研究,很多限制条件是可以克服的**,特别是在研究生涯的早期阶段。

这里的一个重要判断是:科研环境是相对的;理想的科研环境不是等来的,也不是一般的改革可以创造的,更多的是科研人员自己选择和创造出来的。致力于从事一流的科学研究的大学教师,需要有高昂的"创新创业"精神,积极主动创造良好的科研环境和条件。等待所在单位先创造出非常好的环境,然后再进行一流的科学研究,在很多时候是一种不切实际的幻想。

哈尔滨工业大学谭立英、马晶两位教授的故事很能说明问题。他们是一对夫妇,用近30年的时间,创造出了世界一流的科研成果,并在这一过程中从默默无闻的年轻教师成长为作出重大贡献的著名学者(衣春翔 等,2018)。

故事从1991年开始。那时候,谭立英老师既是教师也是在职硕士研究生,正在考虑论文的选题,在北京图书馆查阅资料时看到了卫星激光通信方面的文献。这是一个新领域,难度非常大,其导师也认为很难完成这样尖端的研究。但是,他们夫妻二人还是决定要在这个方向上做研究。

研究的历程是艰苦的。研究经费非常缺乏,不得不用自己家的积蓄,但是积蓄有限,两万多元很快花光。也可能是他们的执着感动了老天爷,他们想尽办法向学校和有关单位争取经费支持也有了很好的结果。学校在1996年给了他们5 000元的科研基金。航天部门认识到他们研究的重要性后,在1997年提供了2.5万元的科研经费,后来他们又获得了8万元的科研基金。

在此后的岁月里,两人的研究不断取得进展,各方的支持也不断增加。2011年10月25日6时,他们的研究获得巨大成功,终端设备顺利捕获2 000公里外的信号,并向地面传输数据。2017年4月12日,国际首次高轨卫星与地面间双向5 Gbps高速激光通信试验成功,在距离近4万公里的轨道上实现星对地、地对星通信。

二、大学层面

大学,特别是重点大学,是科学研究的主要力量。根据我们的研究,充分发挥大学在科学自立自强中的作用,三个方面的工作需要特别关注:年轻教师的引进和成长,博士生的录取和培养,学校在一些重要问题上的战略选择。

(一)年轻教师的引进和成长

一流大学应该引进有志于从事前沿科学研究的年轻教师。也就是说,在引进年轻教师时,最主要的是不应该看已经发表了多少篇文章,即使是"顶尖刊物"发表的文章,而是看研究的领域是不是真正的前沿,特别是开辟了一个新的重要研究方向。

为什么对文章数量需要特别慎重?最主要的原因是,博士阶段是一个科研工作者一生当中极为重要的打基础阶段,最重要的任务是把科研能力培养起来,把博士论文想好、写好。这已经是一件非常繁重的任务,除非是天才或者极为幸运者,否则很难有时间和精力去发表太多文章。

为什么特别强调选择研究前沿问题而不是很多人都热衷的"研究热点"?因为在科学领域,已经成为热点的东西,就很难是研究前沿了,研究也很难有特色。

实际上,是不是选择在研究前沿上探索,从某种程度上反映了科研工作者的价值取向和职业选择。在一个领域深耕与在多个领域快出成果,是不同的选择,从长远来看,前者可能更容易在科学领域有大的成就。

王光远院士的经历很有启发。王院士是哈尔滨工业大学教授,中国工程院首批院士之一,曾任中国力学学会副理事长,提出、建立了"模糊随机振动理论""结构模糊随机优化设计理论"等一系列理论。

王院士为什么能取得如此辉煌的成就?一个重要原因是对科研领域的选择。在他选择科研方向时,他所在的领域最热门的是"线弹性薄壳计算",但是他没有选择这个方向,因为"首先符拉索夫的线弹性理论已经相当完备,其次利用有限元进行计算的计算方法已经十分完善,而且计算机的出现使得计算手段已经具备:理论、方法、手段都已经很成熟,已经没有太多的研究空间了。但是当时为什么大家都钻在里面不出来呢?是因为好出文章!有时候把一个边界条件一换就成了一篇论文了,但是当时出的那么多论文现在几乎没有被提及的"。

王院士认为:在进行方向选择的时候,不要急功近利、盲目赶时髦,选择的科研方向一定要代表学科的发展方向,它不应是一个很完善的东西,而应是一个正在发展并将要大发展的方向。

引进愿意做前沿研究的年轻教师后,还需要给他们创造比较好的条件让他们安心从事科学研究。其中,最主要的有两条:一是给他们足够的时间,如 6~8 年,让他们有时间展示出获得长聘岗位(有点像国外的"终身教职")的兴趣和能力;二是获得长聘的标准,主要应该是体现领域内领先的研究能力,而不是单纯数文章的数量,包括"顶级刊物"的文章数量,因为在这些刊物中的文章,绝大部分也是关于"热门话题"的,不是真正的开拓性的研究。

(二)博士生的录取和培养

博士生年轻、有活力、有追求,是科学研究的生力军。根据我们的研究,在科学领域,博士生的录取和培养需要注意以下几个方面。

一是要高标准挑选。不但有做科学研究的热情,而且有克服科学研究中可能会遇到的一系列挑战的决心,有做科学研究的潜质。需要尽力避免招收"为了找一个更好的工作""为了换一个更有前途的学科"的申请者,也需要尽力避免招收把工资待遇看得太重的申请者。

二是充分保证博士生的上课时间。我国高校,即使是一些顶尖高校,也普遍存在博士生上课时间短、上一年课就参加"资格考试"的情况。这样的做法,基本不可能让学生打下足够坚实的基础,后续的培养质量是保证不了的。

三是处理好博士生与老师、导师的关系。MIT的一位教授这样讲过:在我们这里,我们把博士生看作同事。这句话的含义非常深刻,远超过"教学相长"。实际上,在很多时候,博士研究的特点是领域高度细分,"徒弟超越师傅"不仅是可能的,甚至是必然的。在这样的认知下,老师与学生就真正有条件做到平等地讨论问题、研究问题,不会顾忌太多"在学术上提出与导师不同的观点"的问题。

四是高标准培养。老师,特别是导师,对博士生的要求一定要高,特别是要鼓励他们挑战自己、挑战导师。实际上,既然是做博士研究,理论上讲,就应该做到自己所选定的论文课题是所在领域的世界领先,否则就是跟在别人后面跑,既没有成就感,也没有自信心。也就是说,做博士研究的过程,也是培养自信心的过程。

五是自担培养责任。也可能是无奈之举,现在博士论文进行校外评审。这虽然在一定程度上有利于提高论文质量,但是"劳民伤财",也难以从根本上解决问题,也可以说是把博士生培养的一部分责任"转移"到校外。可以考虑的是,认真借鉴世界一流大学的做法,论文质量在校内由几个人组成的"导师组"负责,在校外由"市场"决定。博士生找工作,特别是学术工作,引进单位是最关心其"质量"的,由引进单位"倒逼"论文质量的提升可能是更好的选择。

(三)学校在一些重要问题上的战略选择

学校不是世外桃源,也存在各种约束和诱惑,处理不好就会影响建设科学强国的努力。

一是各类排名。现在看来,国内几乎所有大学都十分在意排名,唯恐排名不好,特别是排名下降。不仅在意国际上的几个排名,虽然这些排名中有些就是笑话,也在意国内的排名,其科学性尤其值得怀疑,如把中国人民大学这样的社会科学方面的精英大学、中国科学技术大学这样的理科方面的精英大学排得比较靠后,实际上是把规模而不是质量放在优先的位置。

过于在意排名的后果是严重的。比如,在吸引年轻教师方面,就会特别在意短期的效果像文章发表的数量;在博士研究生的培养方面,就会出台诸如"发表几篇文章才能毕业"这样的政策;在招收博士后方面,就会出现尽可能多招但是不关心这些博士后出站后的去向这样的问题。

二是帮助博士生找工作。现在,国内培养的博士生毕业找工作压力非常大,一方面面临回国找工作的博士的竞争,另一方面国内高校录用新教师普遍把发表文章的数量和质量放在最主要的位置。在这样的环境下,在校博士生为了找工作,不得不花大量精力尽可能发表更多的文章,虽然严重冲击博士培养质量,但也是"理性选择"、无奈之举。要解决这个问题,博士生作为个体,基本上是无能为力的。在这个时候,各个大学,特别是重点大学,应该采取实质性措施,帮助博士生找工作。

比如,重点大学,特别是顶尖大学,能不能建立联盟,通过联盟做些实事,大家都取消对新教师招聘的机械的、硬性的文章发表要求(几篇文章,哪些杂志)。这样的联盟是有实际意义的。建立这样的联盟、取消了不合理的规定后,各个用人单位就可以用新的标准,特别是把对科学的兴趣、是否做真正前沿的研究、研究潜力如何作为标准,来选择合适的新教师。

取消现在教师招聘中的机械的、硬性的文章发表要求以后,会不会出现混乱、会不会招不到真正优秀的人才?这种担心是多余的。从世界一流大学的实践看,因为学术界是一个比较小的圈子,博士生的培养又是一个4~5年的比较长的周期,哪些博士生在做什么,谁做得优秀,在日常的学术交流中就可以有比较清楚的认识,再加上录用过程中的一系列"考验",出问题的可能性是很小的。

三是素质教育或者叫作通识教育。一段时间以来,很多学校推崇"通识教育",但是偏差也很多。比如,不少学生喜欢选难度小的"水课",结果是"什么都懂一点,什么都不真正懂"。大学一年级不分专业是有道理的,有利于学生发现自己的专长和兴趣,但是过于淡化专业则是有害的。现在高等教育专业知识越来越深,本科短短几年还不专注,是很难学深、学透的。

实际上,素质教育不应该从大学开始,应该从小就开始。基本的道德品质、为人处世、思维方法、语言能力、写作能力,从小就应该培养和锻炼;小的时候不重视,等到大学再开始,已经晚了。

四是学校定位。这是最核心的。一个核心问题是,一个大学,特别是重点大学,是追求每个短期的"不断进步",还是真正面向长期的卓越?追求每个短期的"不断进步"的做法是"收益递减"的,因为做热门研究、写热门文章类似于市场竞争高中的"红海",进入壁垒低,很多学校、很多人都可以做,是难以获得"竞争优势"的,是不可持续的。

一流的科学研究,总体而言,是少数人的事情。对这个人数不大的人群,实施真正面向长期的卓越的发展模式,对学校文章发表的数量,其实影响不大,但是长期积累下来,就可以真正走向一流、走向前沿。

三、企业层面

企业,特别是行业领先企业,可以在建设科学强国的过程中发挥重要作用。

第一,支持、要求学校做一流的科学研究。一个非常典型的例子是 MIT 的转型,从以为工业实践培养工程师为主转向研究型大学。这个过程是在 20 世纪 20 年代后期真正开始的,一个原因是,当时企业出钱支持 MIT 的研究,往往限制受资助的老师发表相关成果,这是学校和老师不愿意接受的。另一个原因是,企业,特别是行业领先企业(比如通用电气公司、贝尔实验室)希望 MIT 能够为以科学为基础的技术创新和产业发展做更大贡献(Kaiser,2010)。也就是说,企业、企业家认同科学研究、研究型大学的重要价值。

目前国内的情况是,绝大多数企业对资助高校科研还存在很多的限制,包括知识产权方面的约定、学术发表的限制等。在应用研究领域,这是可以理解的,但是在基础研究方面,需要作出相应的调整。

第二,企业自己积极从事一流的科学研究。很长一段时间里,中国企业把引进消化吸收作为技术进步的主要方法。随着企业技术能力的提高,特别是越来越多的企业立志走向行业领先、世界领先,进行基础研究是必然要求(Buderi,2000;Rosenberg,2010),这就需要吸引足够多的、高质量的科学家加入企业。这对高校的科学研究和人才培养是重要的拉动,也是一种检验。

企业,特别是行业领先企业必须进行基础研究,有助于回答这样一个问题:企业资助高校进行基础研究但是不能限制学术发表,对企业而言是不是得不偿失?其实不是。这是因为,企业资助的一个重要作用是建立企业与高校教师、学生互动的桥梁,并在这个过程中发现吸引优秀学生加入企业的机会。

四、政府层面

政府在建设科学强国、实现科学自立自强中的作用是不可替代的。

(一)高度重视政府指挥棒的作用

高校,特别是公立大学,因为很多资源来源于政府拨款或者与政府有关,受政府政策的影响非常大。比如学科评估,如果要搞的话,评估标准应该只关注极少数真正的标志性成果;也没有必要 A+学科只有一两家,而是分大组,A+10 家左右,A20家左右,因为即使在一个学科,每个高校也都有自己的专长,硬要分出第一第二,一是不科学(苹果与梨子比高下),二是不公平(本来是一个领域最好的,却因为名额被划入下一等级),三是误导社会(资源不合理聚集,流向少数学科、单位),四是浪费资源(虽然在细分领域最优秀,但是不被认可,潜力得不到充分发挥)。

又比如,各类人才称号,起码在科学研究领域,应该严格控制,特别是对于年轻学者。这是因为,科学研究需要静下心来长期坚持,太多的人才称号会把大家的研究重点引向更容易出短期成果的领域。

但是,两院院士的名额,亟须大幅度增加,这不但可以让更多的人享有崇高的荣誉,更可以让更多的人为社会作出更大的贡献。美国科学院、工程院、医学院各有院士大约2 400人、2 000人、2 000人。我国2021年两院院士评选结束后,只有860名中国科学院院士、971名中国工程院院士。我国14亿人,美国3亿多人,无论是绝对数还是相对数,我国的院士数量都远远少于美国。

(二)大力支持创办高水平的本土杂志

科学强国一定要有本土的高水平的杂志,既可以是中文的,也可以是英文的;既可以是传统的非开源的,也可以是蓬勃发展的开源的,特别是后者,因为后者可以更灵活、更开放、更高效,成本也更低。

支持本土的杂志,既包括已有的杂志,也包括创办新杂志,特别是后者。为什么特别强调"创办新杂志"?一个重要原因是,在科学领域,如同在创新创业领域,新的思想往往难以被已有的体系(比如学者、杂志)所认同,由新思想的提出者、拥护者创办杂志是更好的选择。

(三)提供必要的资金支持

科学研究需要花钱。但是,科学研究不一定能够立竿见影;实际上,很多时候科学研究的"回报"是长期的。在这种情况下,单靠社会捐助,包括企业捐助,往往是远远不够的。第二次世界大战以后,美国联邦政府成为科学研究的主要支持者(Rosenberg,2010),通过多种渠道(比如国家自然科学基金、国家健康研究所、国防部门)支持科学研究,为美国在世界范围内建立科学领先地位打下了坚实的基础。

需要特别指出的是,建立一定数量的大型科学研究设施是必要的,但是政府的资金主要应该用于支持个人和小团队的科学研究,支持建立多样化的中小型实验设施。以大团队、大设施的形式推进科学研究,不是合适的选择。按照著名物理学家杨振宁教授的说法(Poo et al.,2020),"基础科学上的革命,总是从少数人的努力而来,从来不是靠大项目"。他还列举了这些例子:电磁学,达尔文进化论,核裂变,半导体,双螺旋结构,盘尼西林,它们都来自几个人的小项目、小预算。

对中国而言,特别是现在仍然是一个发展中国家,尤其需要避免把有限的资金集中使用在少数的大科学项目上、少数的大学里、少数的人身上。在科学研究上,不适合进行大团队攻关。这同工程项目有很大不同,它们遵循不同的规律。

五、社会层面

社会支持是促进科学研究的重要条件,特别是在一些比较小的科学领域。支持有多种形式,包括尊重这些领域的科学研究,少用世俗的眼光评判这些领域的科学研究;也包括对这些领域的研究提供力所能及的支持。

比如,年轻人可能希望研究他们感兴趣的地质、环保、气候、气象,研究西北干旱、半干旱地区的植被,研究东北高寒地区的农业、环保,但是社会往往以好不好找工作、工资待遇高低而议论纷纷,对年轻人的选择是一种不可忽视的干扰。

又比如,在社会捐助科学研究方面,除了对"热门"单位、学科的支持,对"冷门"单位、学科的支持,从某种意义上讲,可能更重要、更有意义,因为相比"热门"单位、学科,"冷门"单位、学科更需要支持。

第三节 实现技术自立自强的基本思路

一、实现技术自立自强的突破口

如前所述,实现技术自立自强,核心是通过"自主技术创新",开发出核心技术,从而掌握技术进步的主动权。在 Mowery 和 Rosenberg 看来(1989),技术创新有这样一些特点:①技术创新的过程不是单向地、一次性地从基本的科学知识向应用的转移,而是一个复杂和交互的过程。在这一过程中,双向的、持续的信息流通起着至关重要的作用。②成功的技术创新需要技术与经济两个层面的结合。在技术层面,成功的技术创新需要考虑现有的可以利用的技术知识;在经济层面,成功的技术创新需要考虑经济效果,也就是需要考虑技术创新能达到多大的效果以及不同技术方案的有效性。③技术创新要以企业的技术积累为基础。一个企业的技术知识是与该企业的具体特点紧密相关的,是企业 R&D 部门与其他部门互动的结果,因而相当一部分是隐性的知识。④基础研究一般不会直接解决企业的技术问题。当然,深入的基础研究可以为应用研究指明方向。基础研究还是监控、评价企业外部有关研究的基础。因此,基础研究应当被看作知识网络的入门券。

技术创新的上述特点有利于思考技术自立自强的突破口。现在有一种声音,认为我们面临技术"卡脖子"的根本原因是基础研究落后于实践,所以需要把主要科技资源投向基础研究。这种认识是偏颇的。实际上,即使是基础研究领先了,也不一定能够在工程技术上领先。从基础研究到产业化,通常需要经历一段相当长的时间。

中国今天遇到的技术"卡脖子"问题,主要不是科学问题、基础研究问题,不是去发现新的知识和理论,而是现有的知识和理论的应用问题;也就是说,主要是工程问题。本土企业急需进行自主技术创新,建立自己主导的创新体系。实现技术自立自强,需要把解决具体的工程技术问题作为突破口,需要把主要资源投向工程技术的攻关,而不是优先考虑基础研究。

当然,应用现有的知识和理论并不容易,也需要进行深入的研究工作,只是这样的研究工作具有明确的目标,那就是把核心技术开发出来,把产品开发出来。这不但需要深刻把握现有的知识和理论,还需要在这些知识和理论的指导下,把具体的产品技术和工艺技术开发出来(Rosenbloom et al., 1987)。

实际的产品技术和工艺技术开发过程可能会很复杂,研究人员对涉及的相关知识和理论在认识上也可能"颗粒度"太大,不够深入和具体。在这种情况下,遵循我国著名材料专家杜善义院士所讲的方法会大有裨益。他指出,创新需要在解决工程技术问题的过程中提炼相关科学问题,以科学问题的解决促进工程技术问题的更好解决。也就是说,需要针对我国经济发展中的重大工程技术挑战展开基础研究,而不是试图现阶段就在基础研究上全面开花。

二、实现技术自立自强与建立以本土企业为主导的创新体系的关系

实现技术自立自强不仅仅是开发出核心技术,更重要的是把这些核心技术用起来,变成产品,变成市场竞争力。这个过程也不是一劳永逸的,而是需要持续、反复进行。这就意味着,实现技术自立自强与建立以本土企业为主导的创新体系是一个问题的两个方面:实现核心技术的突破是建立以本土企业为主导的创新体系的必要前提,建立以本土企业为主导的创新体系可以支持核心技术的持续突破。另外,在很多时候,建立以本土企业为主导的创新体系往往比实现核心技术的突破更为困难。

为了更进一步说明问题,我们举一个例子。在我国本土企业主导的3G国际标准 TD-SCDMA 取得突破以前,国内设备供应商在 GSM(全球移动通信系统)和 CDMA(码分多址)设备上早就已经取得了技术突破,他们的设备也不比跨国公司

的差,有的还更好、更适合中国的市场特点,但是国内设备供应商在 GSM 和 CDMA 设备上只占可怜的 5% 和 10% 左右的市场份额。

TD-SCDMA 成功产业化以后,情况开始发生根本性变化。对此,北京邮电大学曾剑秋教授指出:在 3G 时代,中国移动作为 TD-SCDMA 网络发展的"扛鼎者",破解了互操作难题,提升了网优效率,积极推动 TD-SCDMA 向 TD-LTE 平滑演进;在 4G 时代,中国移动联合国际运营商发起了首个由我国主导的国际合作平台 GTI(TD-LTE 全球发展倡议),带动了我国主导的 4G TD-LTE 技术从网络设备、终端、芯片到仪器全产业链发展。中国移动从 3G 的三大标准到 4G 的两大标准,确立了中国标准,为中国 5G/6G 的引领发展奠定了基础。(在"通信世界"召开的中国移动成立 20 周年研讨会上的发言)

中国移动研究院原副院长黄宇红女士也指出,20 年来,中国移动科技创新实力显著提升,专利和标准化实力居运营商第一阵营。中国移动 5G 专利超 2 000 篇,5G 标准专利储备较 4G 翻一番;标准化实力由弱到强,领域由单一到多元,角色也从"参与"转为"主导",荣获了多项国家级、省部级科技创新成果奖项。(在"通信世界"召开的中国移动成立 20 周年研讨会上的发言)

三、企业层面

企业应该是实现技术自立自强的核心力量。但是,真正成为核心力量,需要做一些不容易做的事情。

(一) 发展思路的重新思考和重新定位

为什么要进行重新思考和重新定位？最主要的是外部的发展环境变了。一方面,从在发达国家企业主导的创新体系中求生存、求发展,转变为加入以本土企业为主导的创新体系中,并在新的体系中获得更好的发展。另一方面,竞争,特别是来自跨国公司的竞争会进一步加剧,为了生存和发展,需要迅速提升竞争能力,坚定地迈向世界一流企业。在新的形势下,自己不成为一流企业就会被一流企业淘汰。

重新思考和重新定位并不容易。可能还存在幻想,希望国际关系好转后继续走原来的路,这样的路也走习惯了;也可能担心新的路虽好,但是对能力提升的要求太高,企业不容易达到。这就要考验企业主要领导人的远见和胆识了。在历史的转折关头,作出了正确决策就可以渡过难关;反之,就会掉队甚至被淘汰。

(二) 自己动手培养能力

技术创新能力的培养,需要在实际进行技术开发、产品开发的过程中亲自动手实现,而不是依赖外力。在这方面的文献中,关于发达国家领先企业的非常多,国内的研究也不少,包括北京大学路风教授的研究(2016)。用通俗的语言来讲,就是毛泽东说的,要想知道梨子的味道,需要亲口尝一尝。就像做数学题,抄一遍也有帮助,但是帮助不大,远远不如自己在冥思苦想后找到答案,既高兴又真正提高了能力。

北大方正主要技术负责人王选教授的经验非常有说服力。王选教授指出(1999):"不能浮光掠影地参加一个软件系统的研制,而应该彻底投入一个真正实用的系统,这样才能切实理解软件对硬件的影响。六十年代的那些日子里,我用90％的时间从事 ALGOL 60 编译系统的研制,另外 10％的时间探讨适合高级语言的计算机的体系结构。对于 ALGOL 60、FORTRAN、PASCAL 这类汇集时间(binding time)早的高级语言,我从来不赞成硬件直接执行高级语言的方案,而主张寻找编译和目的程序运行中的瓶颈,依靠灵巧的硬件设计显著地提高效率。下标变量的处理是个瓶颈,子程序调用(尤其是递归调用)又是一个瓶颈,因为在子程序入口时需要保存和建立一整套的环境,以便处理局部量、局部数组、参数和返回地址,这些在当时的常规计算机(例如 IBM 360)上都是很费时间的。由于我有硬件实践经验,所以很容易想出硬件上的方法来克服这些瓶颈。当时我感到似乎找到了创造的源泉,并相信一旦有了这种源泉,中国人有可能和外国人同时或更早提出某些新的思想。这种信心,以及软硬件两方面的知识和实践是我后来能够承担激光照排系统研制的决定性因素。"

真正做到"亲自尝试"必须打消"机会主义"的念头,至少是少一些这种念头。"机会主义"做法的实质是,自身的能力不够,总想利用外部资源来弥补。这在一定条件下,如技术要求比较低的情况下,是可行的。但是,随着技术要求的提高,效果就会越来越差。更重要的是,一个企业可以这样做,其竞争对手也可以这样做,因而不会形成独特的资源和能力,不会真正提升企业的竞争能力(Barney,1991)。

需要指出的是,抛弃"机会主义"与"关起门来搞创新"没有任何共同之处。实际上,没有一个企业会"傻"到"关起门来搞创新",因为创新的人才需要不断引进、不断培养,创新的合作需要坚持,这都要求不能关门。抛弃"机会主义"的核心是充分认识到外部力量的局限性,充分认识到技术创新需要像吃梨子一样"亲口尝一尝"。

外国企业也会犯"机会主义"的错误。Rosenbloom 和 Cusumano(1987)在研究盒式磁带录像机(VCR)产业的发展时发现,原本在技术上、市场上都更有优势的美国企业 RCA 和 AMPEX 之所以最终败给了索尼、JVC、松下等企业,根本原因在于它们在创新上采取的是"机会主义"的做法。具体而言,RCA 等企业不明白新产品开发的基本特点:往往涉及很多不同的技术,需要一点一点突破,需要各项技术的整合,特别是产品设计与制造工艺的整合。这些企业总是试图以设计突破性的产品赢得竞争优势,结果发现产品设计难以成功,更不用说开发出先进、成熟的制造工艺。

相反,索尼等企业则是在非常高远的目标指导下(把产品价格从 5 万美元降低到 500 美元),长期坚持"在不断尝试中学习"的原则,一点一点取得技术进展,一天一天把产品性能提高,一步一步完善生产工艺。

(三)遵循创新能力培养的基本规律

除了自己动手,技术创新能力的培养还需要遵循很多基本原则,下面是一些例子。

一是要舍得在创新上进行比较大的资金投入。在其他条件相同的情况下,资金投入越大,技术创新成效就可能越大。国内华为的例子是大家都熟悉的。IBM 也以敢于在重大项目上进行大规模投入以求抓住重大机遇著称。以 IBM 360 为例,项目在 1964—1967 年的总投资高达 50 亿美元。实际上,1965 年 IBM 的年销售额只有不到 36 亿美元,利润 4.77 亿美元。

二是从事创新的人员数量多、素质高。这是因为,知识的获取是一个充满"创造性"的过程,在其他条件相同的情况下,从事创新的人员数量越多、素质越高,技术创新的成效就会越大。比如应用材料公司,公司员工 12 600 人,超过 4 000 名拥有博士学位。这是企业长期保持行业领先地位的重要基础。

三是建设先进的实验设施、配备先进的实验设备。以韩国现代为例,在其 1 万多人的中央研究院,现代化的试车场、先进的碰撞实验设施,是开发先进轿车、不断提高轿车质量的重要保证。

四是创造良好的科研和工作氛围。大庆石化总厂 ABS(丙烯腈-丁二烯-苯乙烯共聚物)生产工艺创新是一个典型例子。在该项目中起到技术核心作用的黄立本教授指出:"我觉得在 ABS 研发过程中,最难的不是技术问题,而是氛围条件,是环境问题。ABS 这个项目在别的地方是一定搞不成的。大庆石化总厂搞一个实验室只要了一个礼拜,我这辈子只看到这里有这样的效率。我在这里说什么就马上满足要求,可以直接跟工人、跟技术人员讨论各种问题,不用层层批准。好多东西我今天要,他们明天就拿来了。好多厂长一直陪着我解决问题,我倒班他们也倒班,让我非常感动。而且,他们勇气可嘉,从小试到大批量生产,都不要我签字,比如附聚 15 升后,就直接进行 40 立方的生产测试,而且说,出了问题不要我负责,由厂长签字负责。再者,出问题时大家群策群力,都出主意,怎么解决,我们挑最好的方案……在研究附聚工艺的过程中,我要一个附聚反应器,由于技术本身在世界上就是先进的,设备买不到,他们就动手做出来。在用什么工具、什么设备、什么方法方面他也很有经验……每次到了吃饭的时间,厂里的工人和后勤人员都来招呼我,我在实验室里没有时间,他们就给我送过来。"

五是珍惜和弘扬科研人员的敬业精神。这一点的重要性,我们希望下面两个例子可以说明。

第一个是开发龙芯CPU的主要领导者胡伟武博士。他在总结龙芯CPU的开发经验时指出:"五年来,龙芯课题组为了按期完成任务、实现跨越发展,常年坚持每周上六天班,每天工作十几个小时。不知有多少次,我在早上六七点钟打开实验室的门,发现有些人手里扶着鼠标就靠在椅子上睡着了。五年来连续高强度的加班使我们很多人的体力和精力都急剧下降,但我们现在落后这么多,条件也不如人家,如果大家都一样一周五天、一天8小时上班,我们很难赶上人家。我们唯有像当年'两弹一星'的先辈一样拼命,唯有像上甘岭的英雄一样敢于牺牲,我们才能不受欺负,我们的子孙才有希望重新找回'犯强汉者,虽远必诛'的自信。"

第二个是大庆石油管理局的王忠义先生。他是管理局测井公司研究所的科研人员。我们访谈他时,他这样讲:"我已经47岁了,和大庆精神已经紧密地结合在一起了,虽然现在对科研人员的待遇、对科研工作的重视程度还有待进一步改善和提高,但我已经打算与企业共存亡了。"王忠义时刻把企业的发展挂在心上。2002年,王忠义在某大学调研时发现了一种在其他行业中应用的技术,可能可以解决油田中广泛存在的套管损坏问题(套管损坏每年对油田造成10多亿元的损失)。强烈地为企业做贡献的责任心促使王忠义向单位领导详细介绍了这项技术在油田应用中的可行性和潜在价值,最终他的建议被采纳了,管理局还设立了"套管应力监测技术研究"重大项目,王忠义成为课题长。目前这项技术已申请国家专利,进入现场实验阶段。

四、大学层面

大学是实现技术自立自强的重要力量,也是不可替代的力量。但是,为了真正肩负起责任,大学,特别是重点大学需要做很多改变。

(一)建立支持技术自立自强的独立力量

从事科学研究、发表学术论文是高校的重要职能,是必需的。但是,如果走到极端,那就意味着,高校对与企业建立密切的合作关系、解决企业发展中面临的重大技术问题,包括解决迫在眉睫的技术"卡脖子"问题,既没有兴趣,也没有能力。

在这种情况下,如果希望对实现技术自立自强作出重要贡献,就需要进行比较大的组织变革,在现有的"长聘系列"之外建立一套新的组织体系,建立一支新的力量。这支新的力量有几个重要特点。

一是他们的任务,主要不是写文章而是为解决重大的工程技术问题服务。这些工程技术问题可以来自国家,也可以来自企业,还可以是教师的自由选择。

二是这支力量的人员构成。人员最好是对解决工程技术问题有浓厚兴趣、能力又非常强的教师,而且这些教师是已经获得长聘的正副教授,特别是正教授,因而没有太多的后顾之忧,可以集中精力服务于工程技术问题的解决。与此同时,考虑到刚毕业的博士、刚出站的博士后的优势(年富力强,熟悉研究前沿,进取心强),也需要吸引一批不想走长聘道路、喜欢解决工程技术问题的年轻人。

三是这支力量与企业的关系。一般而言,这支力量不是对企业科研力量的替代,尤其不是对大企业科研力量的替代(实际上也替代不了),而是要发挥其独特的优势,与企业进行合理的分工。这支力量的优势应该是重大工程技术背后的理论问题,或者新兴技术的早期突破。这支力量的劣势是开发成熟的产品、成熟的工艺,以及产品的商业化。企业则不同,优劣势恰好相反。当然,不少企业现在创新能力还不够强,自身的产品开发能力、工艺开发能力也亟须提高。

需要特别指出的是,不但要分工,而且要紧密合作。这也要求,这支新的力量主要不是从各方面取得资金,然后自立技术开发项目,再进行技术转让。相反,这支新的力量需要积极与企业联系,直接帮助企业解决攻关的重大工程技术项目中偏理论的问题。

四是这支力量的待遇。这支力量中,已经是长聘正教授、副教授的,只要他们完成基本的教学任务,就可以继续享受长聘的各项待遇。对于新参加到这支队伍中的年轻教师(博士、博士后),学校提供比较好的待遇,但是不走"长聘系列",合同可以更加灵活多样。与此同时,他们可以从与企业的合作中得到比较高的收入——只要合作企业认同,就可以在合同中约定给教师和其他研究人员的报酬。

(二)正确认识实现"顶天立地"的方法

很多高校,特别是重点高校都提出要实现"顶天立地",即在科学研究上出一流成果,在服务社会上做巨大贡献。挑战在于,如何才能做到?

对"立地"而言,有几点非常重要。

一是"立地"的准确含义。图4-1是描述创新过程及其各个环节的一个非常简单的示意图。根据图4-1,对高校而言,"立地"主要是在左侧部分,不是在右侧部分。

具体而言,"立地"主要是以高校深厚的基础研究和在技术探索、原理性样机开发方面的优势,在高性能低成本产品技术和工艺技术开发方面为企业提供有力支持。至于面向市场的产品设计、工艺开发、产品生产,主要是企业的优势。比如,孟东辉(2019)和李显君、孟东晖、刘暐(2018)把核心技术分解为三类,即功能性核心

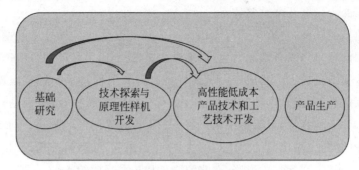

图 4-1　创新的基本过程

技术、性能性核心技术、可靠性核心技术,并认为高校在功能性核心技术开发上可以发挥更为重要的作用,而性能性核心技术、可靠性核心技术则以企业为主。

当然,也有例外。以清华大学王大中教授为核心的团队,实现了中国高温气冷堆技术从跟跑、并跑到领跑的整体发展过程。哈尔滨工业大学刘永坦院士的团队使中国在新体制雷达领域走在了世界前列,不是只做基础研究和原理性样机开发。北京大学王选教授的激光照排系统,中国科学院的高性能计算机,清华大学的太阳能光热技术,都成功实现了产业化。

二是"立地"的基础。高校教师的优势为什么偏向图 4-1 的左侧而不是右侧？这与教师们的工作性质有关,即高度聚焦于一个领域,至少是很少的领域,是真正了解科学前沿、技术前沿的"专家"。企业则不同,企业的最终产出是高质量、低成本的产品,而这又是建立在对多种技术有效集成的基础之上的(Henderson,1994)。也就是说,企业不能过度强调在极少数技术领域的领先,生产复杂产品的企业尤其如此。

从逻辑上讲,高校教师也可以向右侧发展,比如通过创业(Rosenberg,2010)。但是,人的精力是有限的,这样做的结果就是很难再高度聚焦于一个领域。企业也一样,也可以向左侧延伸,只要企业内部有一流的科学家和工程师,就像很多行业领先企业做的一样(Buderi,2000)。但是,正如前面讲的,产品,特别是复杂产品,是多项技术的整合,一个企业很难在很多领域都达到与大学教师同样的水平。考虑到大学学科的完整性、大学教师的规模,企业向左侧延伸只能是在特定的领域。

三是"立地"的回报。如果高校的"立地"不是自己直接做图 4-1 右侧的部分,是否回报就会太低呢？除了对社会的贡献,对个人的回报也不一定低。因为图 4-1 左侧的成果可以用在比较广的领域,而不是仅仅局限于一家企业。当然,这也取决于同企业合作的情况,是否真正相互信任,合作是否真正成功,是否真正创造了价值。实际上,企业的回报也不一定高,绝大多数的创业企业以失败告终,很多大企业在经营过程中也面临一系列挑战。

五、政府层面

政府在建设技术强国、实现技术自立自强中的作用是不可替代的。其具体如下：充分发挥大工程的带动作用，大规模提升博士教育的规模和质量，进一步改革政府支持科研项目的立项与组织，在全社会范围内降低创新的成本。

（一）充分发挥大工程的带动作用

我们在第三章中提出要实施三大工程，即产业格局重塑工程、"卡脖子"技术突破工程、前沿技术突破工程，充分发挥重大工程的带动和引领作用。在此不再赘述。

（二）大规模提升博士教育的规模和质量

博士培养是在进行**最前沿的研究**中实现的，博士的数量和质量可以深刻影响一个国家科技发展的水平。美国 2017 年授予博士学位 180 000 个，含法律博士、医学博士等第一职业学位；德国授予博士学位 28 404 个。2017 年，我国的这一数字是 58 032 个。考虑到人口的因素，再加上历史的积累，我们的博士培养**远远落后于发达国家**。能不能提一个目标，让中国培养博士的人均水平尽快赶上、最好是超过美国？

除了规模，同样重要的是培养质量。这包括两个方面，一是进一步加强科学方法论的教育；二是博士生的研究选题，大部分要从中国经济社会发展的重大挑战出发，而不是主要从西方学者已有的文章和研究出发。

（三）进一步改革政府支持科研项目的立项与组织

政府，特别是中央政府支持科研项目是实现技术自立自强的重要措施，在进一步加大力度的同时，需要作出一些重要调整。

一是在项目立项方面，要紧紧围绕解决产业面临的重大技术挑战展开，紧紧围绕前面提到的产业格局重塑工程、"卡脖子"技术突破工程、前沿技术突破工程等展开。这就意味着，应该鼓励行业领先企业积极"出题"，真正把企业、行业的诉求体现在国家资助的课题当中，甚至是划出相当一部分资金，直接支持企业牵头的项目。当然，企业出的题，必须是高水平的，确实能为解决重大的"卡脖子"技术问题提供帮助。这同时意味着，资助的重点不再是对发达国家技术的追踪与跟随，而是需要紧密结合中国企业的实际挑战，比如光刻机，比如基础软件，比如基础原材料。

二是在项目组织方面，需要大大加强企业与研究团队的互动，因为创新的本质是在互动中产生新的思想、找出新的方法。在企业牵头的项目中,这个问题较为容易解决。在非企业牵头的项目中,需要加强对成果的考核,特别是成果的应用,看是否真正解决了企业技术进步中的重大问题,以此倒逼企业与研究团队的互动。

三是项目经费。一方面,项目经费要给足,防止形成"半拉子"项目。另一方面,严格控制大项目的数量,动辄上亿经费,造成巨大浪费。对于重要的项目,可以一次规划,然后根据项目进展滚动拨款;给出足够时间,完不成任务的,停止拨款。对于攻关项目,这是合理的。

四是设立特殊项目。对于需求清楚的重大技术攻关项目,作为特殊项目设立,由国家以特殊方式直接委托给有关单位牵头执行。因为在这样的领域,谁是最合适的人选,往往是比较清楚的。当然,受托单位需要立"军令状",单位主要负责人要承担责任。在一定时间里,为了尽快实现技术突破,这一条是最重要的。

(四)在全社会范围内降低创新的成本

从人的本性来讲,好奇心是与生俱来的,这就是创新最深厚的基础。那么,为什么还需要激励创新呢?一个非常重要的问题是创新的成本太高。换句话说,在静下心来搞创新以前,人们首先需要在住房、医疗、孩子上学、养老等方面有比较好的保障。现在的情况是,这些都是"大山",背着这样的"山"来搞创新,难度可想而知。在这些领域,过度市场化是有害的。

六、社会层面

创新的来源是多种多样的,有生产者,有供应商,有用户,还有个人(von Hippel,1988)。进一步讲,创新是一种社会活动,是一种社会文化。美国浓厚的"车库文化"催生了微软、苹果等无数个大大小小的企业。日本的精益求精成就了世界上最多的长寿企业。德国浓厚的工程师文化加上企业家精神造就了大量的"隐形冠军"(赫尔曼·西蒙 等,2019)。

同样的道理,中国要实现技术自立自强,也需要形成有利于创新的文化和传统。人们要尊重工程师,想成为工程师,想去工科院校学习,平时在家也愿意"鼓捣"技术。

第五章 大力提升国企的创新能力

国有企业是中国经济的重要组成部分。本章的主要观点包括：国企地位重要、作用特殊；国企可以进行有效的创新、一流的创新；国企的创新不可替代；增强国企的创新活力需要更多的探索，但是有路可循。

第一节 国企的重要地位和特殊贡献

一、国企的重要地位

《中华人民共和国宪法》（以下简称《宪法》）第七条规定："国有经济，即社会主义全民所有制经济，是国民经济中的主导力量。"那么，国有企业，特别是央企，存在的具体理由是什么？至少有以下6个。

一是社会主义制度的重要基础。虽然民营经济也是社会主义市场经济的重要组成部分，但是很难想象，没有了国有企业，或者国有企业都"改制"了，社会主义制度如何体现？中国还能叫作社会主义国家吗？

二是中国社会政治经济特点的必然要求。中国是一个有长久封建历史的国家，社会的不平等有深厚的历史基础、文化基础和社会基础。国有企业的存在是保障向更为平等、自由、民主的社会发展的重要条件。经济是政治的基础。在还没有建成比较坚实的民主和法制制度以前，完全的私有制不是很好的选择，更令人担心的是权力与财富的结合，底层民众的边缘化和由此导致的社会的不稳定。

三是国家安全（国防、经济）的重要保障。比如网络安全。在中国的制度环境中,相比其他类型的企业,国有企业在这方面的优势是显而易见的。

四是赶超发达国家的重要基础。研究表明,对发展中国家而言,国企是经济赶超的"阶梯"(周建军,2019)。实际上,在市场发育不成熟的情况下,大企业在经济赶超中的作用是不可替代的(Amsden,1989,2011;Chandler et al.,1997),中国的国企,特别是大型央企是经济赶超的重要力量。

五是现实的选择。有些人想把大型国企私有化,但是没有真正成功的经验,没有真正可行的方案。苏联的深刻教训,特别是国有企业私有化演变成少数人掠夺社会财富的活动,不但导致社会不公正,而且不能促进经济发展,需要认真总结。

六是国际经验。即使是资本主义国家,也重视国有企业的作用。比如在石油天然气领域,很多国家采取的是国家石油公司的形式。

二、国企的特殊贡献

国企重要的法律地位决定了它们可以为国家作出特殊的贡献。下面的四个例子,从不同角度展现了这一点。

第一个例子是大唐电信与TD-SCDMA。 习近平同志指出:"现在,比较正常的技术引进也受到种种限制,过去你弱的时候谁都想卖技术给你,今天你发展了,谁都不愿卖技术给你,因为怕你做大做强。在引进高新技术上不能抱任何幻想,核心技术尤其是国防科技技术是花钱买不来的。人家把核心技术当'定海神针'、'不二法器',怎么可能提供给你呢?只有把核心技术掌握在自己手中,才能真正掌握竞争和发展的主动权,才能从根本上保障国家经济安全、国防安全和其他安全。"[在参加全国政协十二届一次会议科协、科技界委员联组讨论时的讲话(2013年3月4日)]

如前所述,TD-SCDMA的成功意义重大,为中国在4G、5G时代走向全球领先奠定了坚实的技术基础和组织基础。但是,实践也证明,自主创新推进起来困难重重。我们曾经详细考察了TD-SCDMA"生态圈"中的四大主要"利益相关者",即政府管理部门、国内专家学者、电信设备商、电信运营商,对TD-SCDMA标准的态度变化。基本发现是:在TD-SCDMA创新的方案提出和标准确立阶段,政府给予了明确的支持。但是,政府对TD-SCDMA的态度在2000—2005年期间变得模糊不清,支持态度不明朗。在这种情况下,国内外电信设备商大都对TD-SCDMA标准保持怀疑观望的态度,TD-SCDMA标准的产业化困难重重、进展缓慢。2005年以后,随着TD-SCDMA产业链的发展壮大,加上政府协调工作的展开,国内电信运营商逐渐减少了对采用TD-SCDMA技术的抵触情绪,开始积极配合、支持TD-SCDMA系统的试商用大规模测试。

大唐移动原总经理唐如安先生在离开大唐移动后曾经详细回顾了 TD-SCDMA 发展过程的艰难困苦和经验教训，其中有几段话值得认真思考。他这样写道（唐如安，2009）：

首先，在 TD 技术开发和产业化过程中，我们一直游走在生死边缘，并曾几度因资金链出现严重问题而险些倒下。

其次，从国家层面来讲，TD 在成为国际标准之后，它将来的竞争战略定位如何？它的产业发展目标是什么？它未来在中国乃至世界市场扮演什么样的角色？仅仅是做个标准而已？抑或是其他 3G 技术的补充？还是独立的市场、独立的产业、三分天下有其一？这些问题在 TD 产业发展之初并不清晰。

第三，多少年来，围绕 TD 发展的争论始终不断。核心的问题是，从国家产业政策和方向看，TD 到底是一个纯粹技术创新的战术问题，还是一个提升产业层次的战略问题。在很长一段时间内，都把这两个层面的问题混淆了。

第四，TD 为什么会产生在大唐，而非经济能力远在大唐之上的中国其他企业，这是大唐的特定历史和性质所决定的。当时作为一个有着 40 多年历史的国家级电信科学技术研究院（大唐的前身），它的思维惯性更多的是受历史角色的影响，并非单纯的企业行为。也就是说，它基于行业和国家竞争力的考虑居多，对于自己开发标准的产业经济能力评估偏少，这也注定了日后大唐在 TD 开发上必然要承受巨大的经济风险。特别是在 TD 正式确立为国际 3G 标准之后，作为 TD 标准的提出者，大唐已别无选择，要么放弃标准，或者说仅是一个纸面待开发的标准，但这已不是大唐的技术代价了，而是历史机遇的错失；要么义无反顾地完成标准的产业化工作，闯出一条生路，但这意味着更加不可测，因为我们标准的起点与国际其他标准的起点根本不在同样的基础之上，一旦走不通，那真是万劫不复了。

第二个例子是国家电网与特高压技术。同高铁、航天一样，特高压是我国的一张"国家名片"。那么，国家电网公司为什么能够打造出这样一张"国家名片"？按照国家电网原董事长刘振亚的说法，一个非常重要的原因是，"国家电网公司讲政治、顾大局"；"以党和国家工作大局为重"（刘振亚，2016）。

比如，早在 2007 年，刘振亚就指出，"作为关系国家能源安全和国民经济命脉的国有重要骨干企业，国家电网公司必须以党的十七大精神为指导，优化和高效配置能源资源，保障国家能源安全，促进经济社会又好又快发展"；"十七大报告提出，建设科学合理的能源资源利用体系，提高能源资源利用效率。这是针对我国能源资源及其开发利用实际提出的重要战略方针……我国能源资源同能源需求分布不均衡，重要的煤电和水电基地与中东部负荷中心的距离一般在 800～3 000 千米，这在客观上决定了我国能源和电力发展必须走远距离、大规模输电和全国范围优化电力资源配置的路子。为促进能源和电力工业可持续发展,不断满足我国经济社会发展的用电需求,国家电网公司结合我国国情和电力工业实际,提出了'一特三大'战略,即发展特高压电网,促进西部地区大型水电基地建设和北部地区大型煤电基地集约化开发,变输煤为输电,将清洁的电能从西部和北部大规模输送到中东部地区,并为东南沿海大型核电基地建设提供坚强的电网支撑,实现电力资源在全国范围优化配置"(刘振亚,2007)。

2015年,刘振亚再次指出:"9月26日,习近平总书记在联大发展峰会上发表重要讲话,倡议探讨构建全球能源互联网,推动以清洁和绿色方式满足全球电力需求。这是习近平总书记站在世界高度,继'一带一路'之后提出的又一重大倡议,是对传统能源发展观的历史超越和重大创新,是中国政府积极应对气候变化,推动联合国2015年后发展议程作出的重要倡议,对实现中华民族伟大复兴中国梦和人类社会可持续发展具有深远的意义。国家电网公司作为关系国家能源安全和国民经济命脉的国有特大型电网企业,深入学习领会和贯彻落实习近平总书记关于全球能源互联网的倡议,是我们重要的政治任务和历史使命";"我国工程实践为构建全球能源互联网发挥了示范引领作用。近年来,国家电网公司深入学习贯彻习近平总书记系列重要讲话精神,落实能源'四个革命'战略部署,推动特高压创新发展,在此基础上提出构建全球能源互联网的设想,发布了研究成果。10年多来,国家电网公司立足自主创新,大力发展特高压和智能电网,取得了重大突破,实现了'中国创造'和'中国引领'。'特高压交流输电关键技术、成套设备及工程应用'获得国家科技进步特等奖。国家电网公司建成了具有国际领先水平的'三交四直'7项特高压工程,正在开工建设'四交五直'特高压工程,建成包括智能变电站、智能充换电网络、智能用电采集系统、多端柔性直流等一批先进的智能电网创新工程,电网智能化水平显著提升。依托特高压和智能电网,我国清洁能源并网装机已达4.82亿千瓦,其中风电1.08亿千瓦、太阳能发电0.37亿千瓦,成为世界清洁能源装机规模最大的电网"(刘振亚,2015)。

国家电网坚持主动做到"讲政治、顾大局",并非一帆风顺。在发展特高压的过程中,国家电网遇到的挑战是巨大的,承担的风险也是巨大的。根据《中国科学报》记者原诗萌的报道,"在今年全国两会上,特高压成为能源领域热议的话题。来自山东、内蒙古、宁夏等省、自治区的政协委员,纷纷呼吁加快特高压建设。而关于特高压的另一种声音,虽然近半年来鲜见诸报端,却始终没有沉默——继2011年23名专家联名反对交流特高压'三华电网'规划后,2012年2月22日,原国家计委燃料动力局局长蒋兆祖、原水电部副总工程师沈根才等25名专家又联名向党中央和国务院呈送报告,再次旗帜鲜明地反对这一规划。"(原诗萌,2012)

当然,冒风险不是蛮干。为了建设特高压电网,国家电网进行了全方位的科学论证和技术攻关。这包括：组织专题会议,进行专项考察,进行基础研究,组织技术攻关等。比如专题会议,国际电网多次组织召开和参与特高压大型会议,召开专家论证会和专题研讨会上千次。又比如基础研究,国家电网牵头承担包括国家"十一五"科技支撑计划 16 个特高压专项在内的 200 余项关键技术研究课题,全面覆盖了特高压理论研究、设备研制、设计施工、调度运行等领域。(刘振亚,2016)

第三个例子是中石油与国家石油安全。石油安全是我国面临的一个重大挑战:自 1996 年成为原油净进口国,我国的原油进口量逐年增加,石油对外依存度逐年提高。为了应对石油安全问题,中石油早在 1993 年就开始探讨国际化之路,更在 1998 年提出建设海外大庆的战略。事实证明,中石油有能力,包括强大的技术能力,成功进行国际化。

在国际化的过程中,中石油积极将长期积累的成熟技术和优势技术应用于海外,同时结合当地实际积极探索,进行各种技术试验,形成了各具特色的开发技术。比如,"中国石油海外合作油气田规模高效开发关键技术"荣获 2012 年国家科技进步一等奖。雄厚的科技实力和先进的管理能力有力保障了中石油的国际化。截止到 2015 年,中石油在全球 38 个国家和地区开展油气业务,2015 年海外全年实现作业当量产量 13 826 万吨,权益当量产量 7 204 万吨,同比增长 10.5%。其中,原油作业产量 11 550 万吨,权益产量 5 515 万吨;天然气作业产量 286.5 亿立方米,权益产量 211.9 亿立方米。

但是,实践同时证明,中石油的国际化之路充满了曲折和艰辛;为了国家的石油安全,中石油做了很多并非企业"分内"的事情。比如,国际化不单单是艰辛,有时还要付出生命的代价。如果仅仅是为了企业的发展,中石油可能没有必要这样做,但是为了国家的石油安全,有时候可能是无奈的选择。2008 年 10 月 18 日,中石油 9 名员工在南科尔多凡州靠近达尔富尔地区的施工现场遭绑架。绑架发生后,虽然我国外交部和有关部门与苏方作出了巨大努力,力图解救我方被绑人员,但是最终还是有 5 人遇害。

第四个例子是神华集团有限责任公司(以下简称"神华集团")。神华集团是1995 年 10 月经国务院批准设立的国有独资公司,是以煤为基础,电力、铁路、港口、航运、煤制油与煤化工为一体,产运销一条龙经营的特大型能源企业,是我国规模最大、现代化程度最高的煤炭企业和世界上最大的煤炭经销商,2017 年 11 月 28日与中国国电集团公司重组为国家能源投资集团有限责任公司。作为大型央企,神华集团牢记自己的责任和使命,走出了一条不同于小煤窑遍地开花、资源浪费、重大事故频发的发展道路,做到了管理先进、环境友好、可持续发展。

管理先进。一是创造了"煤电油运一体化"发展模式,引导了综合型能源企业发展方向。"高产高效矿井生产与建设""煤电联营""煤电运一体化"等模式,已被我国煤炭、电力等行业广泛"复制",带动了我国煤炭行业跨越式发展。二是建设了千万吨安全高效矿井群,引领世界煤炭资源集约化开发方向。神华集团作为全球最大的煤炭开发主体,积极探索煤炭资源安全高效集约化开发途径,突破开采工艺、采掘装备国产化、资源与环境技术瓶颈,创建了世界上唯一的千万吨安全高效矿井(露天)群。2009 年的原煤产量占全国安全高效矿井总产量的 10.4%,占我国千万吨企业原煤总产量的 20.5%。

环境友好。一是研究实施神华矿区资源与环境协调开发技术,神华集团主要矿区矿井水复用率达到 60% 以上,矿区植被覆盖率由开发之初的 3%~11% 提高到 60% 以上,实现了资源开发与生态保护协调发展。二是系统开发了"节水发电技术",其中低温多效海水淡化技术研发应用后,每天可生产 3.2 万吨纯净淡水;直接空冷技术研发应用后,4 台 600 兆瓦机组每年节约用水 2 000 多万立方米。三是开发应用脱硫脱硝、等离子点火、除尘降噪、中水复用等节能环保技术,成为我国目前首个 100% 机组安装运营脱硫装置的火力发电企业。

可持续发展。一是自主研发"粉煤灰制备氧化铝技术",将使准格尔煤田高铝型资源获得规模化开发,使该煤田成为我国铝矿资源的重要基地。二是突破煤制油、煤化工核心技术,开创工业化历史先河。神华集团按照国家能源安全的发展战略,历经 10 余年的重大科技探索与实践,掌握了煤直接液化核心技术,取得世界第一个煤直接液化百万吨工业化示范重大成果,建设和运营了世界上第一套煤制烯烃工业化示范装置,为我国能源战略安全和世界能源清洁利用及发展作出了突出贡献。三是推进低碳清洁能源技术创新,引领煤基低碳能源发展方向。

第二节 不可替代的国企创新

一、国企创新的巨大成就

国企的地位不仅仅是《宪法》和其他法律法规确定的。国企创新的巨大成就本身也说明了国企存在的意义和价值。从历史的角度看,无论是计划经济年代,还是改革开放以来,中国国企发展的历史都是一部不断创新的历史。比如,在管理创新方面,著名的"两参一改三结合"制度,又叫"鞍钢宪法",就是一个伟大的创新。"两参"即干部参加生产劳动、工人参加企业管理;"一改"即改革企业中不合理的规章制度;"三结合"即在技术改革中实行企业领导干部、技术人员、工人三结合的原则。

"鞍钢宪法"蕴藏着非常深邃的思想，不但深刻影响了计划经济时代中国企业的管理，而且在国外也产生了重要影响。对此，崔之元教授在他的文章中特别引用美国麻省理工学院管理学教授罗伯特·托马斯（Robert Thomas）的观点加以说明。在罗伯特·托马斯看来，"毛主义"是"全面质量"和"团队合作"理论的精髓，即充分发扬"经济民主"——两参一改三结合——恰是增进企业效率的关键之一（崔之元，1996；Thomas，1994）。

崔之元认为，"鞍钢宪法"实际上包含丰富的经济民主的思想，而这一点对我国的经济改革与经济发展具有非常重要的指导意义：在宏观上，"经济民主"论旨在将现代民主国家的理论原则——"人民主权"——贯彻到经济领域，使各项经济制度安排依据大多数人民的利益而建立和调整。在微观上，"经济民主"论旨在促进企业内部贯彻后福特主义的民主管理，依靠劳动者的创造性来达到经济效率的提高（崔之元，2006）。

在技术创新方面，国企的成就同样巨大。神舟系列飞船、蛟龙系列深海探测器、高性能计算机、特高压输电技术、高铁系统、3G/4G/5G无线通信技术、核电技术、西气东输工程、三峡工程、港珠澳大桥工程，乃至红旗系列防空导弹武器、东风系列弹道导弹、歼-20、运-20等，都是国企创新的典型例子。

国企的技术创新不但体现在一系列重大成果方面，也体现在技术创新管理的各个领域和环节。比如，在技术创新的战略和相关的计划方面，比较突出的有两点：比较先进的理念；充分发挥大型一体化企业集团的优势。

以航天科工为例，其"探索一代、预研一代、研制一代、生产一代"的核心研发模式和创新实现体系，反映了企业先进的技术创新管理理念，为中国航天技术发展提供了源源不断的动力。航天科工已经形成"以探索研究项目、重大（点）基础研究项目、自主创新基金项目等为代表的超前探索，以重大自主创新项目、演示验证项目、背景项目等为代表的先期技术开发，以国家立项研制项目、集团自主研发项目等为代表的项目研发，以现役装备改造技术项目、军转民技术项目等为代表的深度开发"的系统研发模式和创新项目培育体系，推动了自主创新能力的提升和跨越。

中石化是充分发挥大型一体化企业集团的优势的典型。"一条龙"科技攻关是中石化多年积累形成的成功经验，是突破重大关键技术的特色做法。"一条龙"科技攻关就是把科研、设计、设备制造、工程建设和生产应用等各方面的力量有效组织起来，内部产销研、外部产学研紧密结合，形成"一条龙"，对带有共性、关键性和对公司发展具有战略意义的重大科技开发项目进行联合攻关，确保自主开发的技术以最快的速度实现工业转化。如芳烃吸附分离技术开发项目的顺利实施就得益于"一条龙"科技攻关组织。该项目于2010年11月被列为"一条龙"重大科技攻关项目,其后的整个过程中边攻关、边设计、边施工、边技术鉴定,高效平衡了攻关速度与建设质量的关系,一年内完成了从中试到工业生产技术的开发和示范。2011年10月9日,工业示范装置产出合格产品,产品纯度达到99.7%,标志着中石化成为世界上第三个具有自主知识产权芳烃成套技术的公司。再如2011年10月10日,中石化"一条龙"科技攻关项目——60万吨/年甲醇制烯烃(MTO)装置顺利产出合格聚合级乙烯、丙烯产品,实现装置安全、环保投料试车,一次开车成功,标志着中石化自主知识产权的甲醇制烯烃成套技术步入产业化阶段,为中石化实现资源多元化和发展清洁煤化工提供了可靠的技术支撑。项目仅用一年多时间就完成了中试到工业生产技术的开发和示范,充分体现了中石化"一条龙"科技攻关的生命力。

二、国企创新的不可替代性

国企创新是难以替代的,一个重要原因是很多国企,特别是央企,是大企业。我们首先看两个例子:港珠澳大桥与青藏铁路。

第一个例子是港珠澳大桥。根据《光明日报》记者王忠耀、吴春燕的报道(2018),港珠澳大桥不仅代表中国桥梁的最先进水平,更是综合国力的体现。港珠澳大桥拥有世界上最长的沉管海底隧道,是中国建设史上里程最长、施工难度最大的跨海桥梁。规模之最的背后,也代表着这个超级工程,从规划设计到制造施工,从质量控制到工程管理,都存在前所未有的挑战。

那么,港珠澳大桥是谁建设的呢?大型央企中国交通建设股份有限公司(以下简称"中交集团")、中国铁路工程集团有限公司(以下简称"中国中铁")都是立下了汗马功劳的功臣。其中中交集团在2016年美国《工程新闻纪录》(ENR)杂志排名中,连续10年荣膺全球最大国际承包商中国企业第一名,在全球最大250家国际承包商排名中位列第3。中国中铁是全球最大的建筑工程承包商之一,在世界企业500强中排名第102位,在中国入选企业中排名第14位。在港珠澳大桥建设中,中交集团是大桥主体工程岛隧工程设计施工总承包商,中国中铁旗下的中铁武汉大桥工程咨询监理有限公司联合体则是施工监理单位。

第二个例子是青藏铁路。2005年10月15日,青藏铁路全线铺轨完工。这条铁路从西宁至拉萨全长1956公里,是世界上海拔最高、线路最长、穿越冻土里程最长的高原铁路。一期工程西宁至格尔木段814公里已于1979年铺通;二期工程格尔木至拉萨段于2001年6月29日开工,全长1 142公里。这条铁路对发展青海、西藏经济,加强国防建设,促进内地与边疆的交流,具有重要的战略意义。但是,修建这条铁路面临诸多世界性难题,特别是多年冻土、生态环保、高寒缺氧三大问题。面对这些世界级的困难,大型央企中国中铁及其各个下属单位攻坚克难,高质量地建成了青藏铁路。

相关文献这样描述建设青藏铁路的困难(拉巴 等,2006):复杂的冻土环境,是制约青藏铁路建设的又一世界性难题。青藏铁路穿越了550公里长的多年冻土地区。冻土随气温变化胀缩,会导致路基破裂或塌陷。由于冻土病害,世界冻土区铁路列车时速一般只能达到50公里。与加拿大、俄罗斯等国冻土相比,青藏高原冻土纬度低、日照强烈,加上地质构造运动频繁,其复杂性和独特性举世无双……建设参建单位大力推广使用新设备、新材料、新技术和新工艺,最大限度地释放先进生产力,创造了一个个世界之最。青藏铁路建设专家组组长张鲁新说,青藏铁路未来大规模出现冻土工程病害的可能性较小,行车速度可达每小时100公里以上。

上面的两个例子不是偶然的。现代管理学的一系列研究表明,大企业在创新方面具有不可替代的作用,这既体现在技术创新能力方面,也体现在组织管理能力方面。比如,根据 Chandler 等的研究(1997),无论是美国、德国、法国,还是意大利、韩国,大企业一般都具有领先优势明显、资本密集、市场份额大、国际化水平高等特点,因而在一个国家创新体系中的战略地位与核心地位是无法替代的。

比如领先优势明显。根据 Chandler 教授的研究,大企业有条件在内部与外部积累各种各样的能力和资源,并对后来者企业形成巨大的壁垒。一个具体例子是,20世纪20年代以后,只有两家新建企业进入美国化学工业前50名,没有一家新建企业进入世界制药工业前30名(Chandler,2005)。

又比如资本密集。大企业以新技术、新知识为基础,并通过大规模投资实现在研发、制造、销售甚至国际化方面的领先地位。有些小企业虽然也可能以新技术、新知识为基础,但是所需资本投入有限、规模小。

以美国制造业最大的50家公司占整个制造业资本支出的份额为例,1987年为27.2%,1977年为28.0%,1967年为27.4%。前200家最大公司所占比例,1987年为46.6%,1977年为49.2%,1967年为51.5%。美国制造业最大的50家公司占整个制造业增加值的比例,1987年为24.9%,1977年为24.4%,1967年为24.6%;前200家最大公司占的份额,1987年为43.2%,1977年为43.7%,1967年为41.6%。

需要特别指出的是,Chandler(1977,2005)的研究还表明,大企业的组织管理能力,也就是协调企业各项生产经营活动的能力,是小企业所不具备的。以他的一本书[《看得见的手:美国企业的管理革命》(*The Visible Hand*:*The Managerial Revolution in American Business*)]为例,Chandler 概括了这本书的8个重要结论(钱德勒,1977)(中译本)。

(1) 当管理上的协调比市场机制的协调能带来更大的生产力、较低的成本和较高的利润时,现代多单位的工商企业就会取代传统的小公司。

(2) 在一个企业内,把许多营业单位活动内部化所带来的利益,要等到建立起管理层级制以后才能实现。

(3) 现代工商企业是当经济活动量达到这样一个水平,即管理上的协调比市场的协调更有效率和更有利可图时,才首次在历史上出现的。

(4) 管理层级制一旦形成并有效地实现了它的协调功能,层级制本身也就变成了持久性、权力和持续成长的源泉。

(5) 指导各级工作的支薪经理这一职业,变得越来越具有技术性和职业化。

(6) 当多单位工商企业在规模和经营多样化方面发展到一定水平,其经理变得更加职业化时,企业的经营权就会和它的所有权分开。

(7) 在作出管理决策时,职业经理人宁愿选择能促使公司长期稳定和成长的政策,而不贪图眼前的最大利润。

(8) 随着大企业的成长和对主要经济部门的支配,它们改变了这些部门乃至整个经济的基本结构。

我们认为,这8个重要结论,可以进一步概括为两个核心观点:①现代大企业协调各项生产经营活动的能力是现代经济的重要特点,协调活动的内部化可以降低交易成本、提高企业效率;②职业化的中高层经理人员,而不是传统的私营企业主,是现代大企业健康运行的基础。这两个核心观点都意味着,大企业的作用是小企业无法替代的。

比如,根据第一个核心观点,即使多个小企业可以在市场机制的作用下进行合作,从而在规模上缩小同大企业的差距,但是不可能达到同样的效果,因为大企业的内部协调机制更有效。举个例子:事业部制是现代大企业得以发展的最基本的组织基础和运行机制,而事业部制的核心是合理划分公司总部与各个事业部的分工合作关系。其中,公司总部主要是负责对企业发展进行规划,协调职能部门、下属经营单位和各项活动,监控企业的发展,以及对资源配置进行重大决策(Chandler,1991,2005)。当然,随着企业规模的增大和不同业务种类的增加,事业部制也在不断发展,如像通用电气公司一样,在公司总部和战略业务单元(strategic business unit)之间增加一些管理层次。小企业就不一样,协调众多小企业之间的关系不可能用大企业内部的协调机制(主要是行政机制),因而难度更大。

实际上,第一个核心观点也有助于理解前面列举的两个例子:面对复杂的创新环境和巨大的创新挑战,大型央企可以取得辉煌的创新成就。这是因为,它们拥有强大的组织协调能力。

又比如,根据第二个核心观点,由私营企业主主导的小企业存在很多劣势。一个具体表现是:这些企业往往存在时间不长。现代大企业则不同,它们具有"其本身的生命"。当一名经理升职、离职、退休时,另一个人已经做好准备。也就是说,人员有变化,但是企业的机构和职能则可以保持不变。

当然,大企业是从小企业成长起来的。即便如此,也只有极少数小企业能够成长为大企业,而且这需要非常高的条件。

三、国企创新的三大优势

为了更具体地理解国企,特别是大型央企的不可替代性,我们归纳出大型央企创新的三大优势:创新资源的投入能力,科研成果的转化和应用能力,内外部创新资源的整合能力。

(一)创新资源的投入能力

大型央企在创新资源上的能力和优势是非常明显的,有些央企的科技投入能力已经居于世界前列。比如中石油,已经建立了科技投入稳定增长机制,将科技投入强度纳入企业领导人业绩考核指标体系。早在"十一五"期间,其科技投入强度就已经超过1%,高于国际大油公司0.3%~0.6%的水平。

再比如国家电网,早在2012年研发经费支出就达到79.4亿元,总量上要高于德国意昂、意大利电力、法国电力和西班牙电力4家国外企业。从研发经费投入强度(研发经费支出/主营业务收入)来看,国家电网为0.48%,高于德国意昂(0.11%)和意大利电力(0.15%),与西班牙电力相当(0.42%),但是低于法国电力(0.72%)。

(二)科研成果的转化和应用能力

科研成果的转化和应用能力一直是困扰我国科技界的一大难题。在这个问题上,虽然央企也不例外,但是央企确实具有非常明显的优势,有不少非常成功的例子。

中国中铁的盾构及掘进技术是一个例子。作为特大型建筑施工企业,中国中铁是盾构机的使用者,这也为中国中铁研发盾构机、生产盾构机创造了非常有利的条件。中国中铁国家重点实验室在消化吸收国外盾构机技术的基础上,结合我国的工程地质特点和国情进行技术创新,探索新的盾构机技术,建立适合国情的研发方案,为我国盾构及硬岩掘进机的设计与制造提供技术支撑体系和创新平台。实验室于2011年初开始建设,2012年11月通过了科学技术部组织的验收,是第二批企业国家重点实验室中首家通过验收的实验室。经过2年的建设,盾构实验室初步建成了刀盘刀具、系统集成与控制、盾构施工控制三个研究方向的11个实验系统,拥有国内首台盾构电液控制系统综合实验平台和滚刀岩机作用综合实验平台;承担了国家级科研项目4项,获得发明专利8项、实用新型专利7项、软件著作权1项。结合承担国家"863"计划"盾构装备自主设计制造关键技术及产业化"项目,围绕盾构掘进失稳、失效和失准三大难题,攻克了盾构自主设计制造关键技术,研发出土压、泥水和复合三大类盾构系列产品,形成了自主设计制造能力,实现了盾构的"中国设计与中国制造","盾构装备自主设计制造关键技术及产业化"获得2012年国家科技进步一等奖。研究成果的成功转化,孵化和支撑了中铁装备和中铁隧道成为国内自主研究设计制造盾构的两大龙头企业,中铁装备更是成为国内盾构市场占有率最大的企业,盾构主要性能指标达到或超过国际同类产品,替代了进口,完成了北京、上海、广州、香港等地300多个地铁、公路、铁路等各类隧道工程施工,并出口马来西亚,取得了显著的经济效益和社会效益,推动了我国大型掘进装备制造业的科技进步,实现了盾构产业的跨越发展。

(三) 内外部创新资源的整合能力

国家电网的特高压创新是一个典型例子。特高压创新的众多成就主要体现在:建成了世界最高水平的特高压交、直流输电工程,实现了特高压技术的"中国引领"。先后自主研发、设计、建设了1 000千瓦晋东南-南阳-荆门特高压交流试验示范工程及其扩建工程、向家坝-上海±800千瓦特高压直流输电示范工程、锦屏-苏南±800千瓦特高压直流输电工程,使我国成为世界首个商业运营特高压交、直流工程的国家。特高压电网的建成投运,为大型煤电、大型水电、先进核电接入系统提供了条件,使水火互济、跨流域调节、多种能源相互补充成为可能,促进了大规模的能源资源优化配置,增强了国家能源安全的保障能力。

在特高压创新过程中,国家电网积极与高校、科研机构、社会组织、其他企业进行合作研发、建立战略联盟、促进协同创新等。其具体做法如下。

一是积极推动对外交流与合作。充分利用国内资源,通过国家和企业的重大科技项目,加强与电力设备制造企业、高等院校和科研院所广泛开展产学研战略合作,在设备研制、重大基础理论、前瞻性技术等领域开展包括人才培养、学术交流、项目研发等方面的合作,有力地促进和带动了国内相关学科的发展与产业制造能力的大幅提升。"十一五"期间,公司在多个技术领域开展了各具特色的国内外技术交流合作探索,提升了实验室研究能力和水平。依托公司重点实验室,在电网仿真、特高压、自动化、电力供需等方面,与美国、加拿大、英国、俄罗斯、荷兰等国家的著名科研机构和实验室建立了长期合作关系,定期开展人员互访、技术交流,及时跟踪了解国外电力技术发展动态,拓宽了科研人员的视野,提升了前沿技术领域的研究能力和水平。加强与国内知名高校的战略合作,电力谐波特性、水火电资源优化、电力互感器运行、职业卫生监测等实验室积极探索与高校合作共建省级重点实验室,聘请知名学者担任实验室客座教授,开展技术交流与合作研究,提升了实验室的理论研究水平和重大科技项目协同攻关能力。

二是构建特高压产学研协同攻关体系。在特高压交、直流关键技术研究和工程建设中,公司积极推动跨部门、跨行业联合攻关,包括30多位院士在内的3 000多名研究和工程技术人员,以及国内外11家权威机构和组织参与了特高压调研和论证;国内主要电力科研、设计单位和9所大学参与了特高压研究设计;500多家建设单位、10多万人参加了特高压工程建设;200多家设备厂商参与了设备研制和供货,形成了特高压关键设备批量生产能力。公司全面推进技术创新的"走出去"战略,加强与国际电力相关企业、机构和组织的合作,积极参与国际标准制定,多次成功举办了由国内外主要电力企业、机构参加的特高压和智能电网国际会议。

三是与高校、科研院所、其他企业共建研发机构。公司牵头建立产业技术创新战略联盟6个,分别是中国智能电网产业技术创新战略联盟、武汉智能电网产业技术创新战略联盟、南京智能电网产业联盟、河南省风电产业技术创新战略联盟、河南省产业技术创新战略联盟、河南省输变电装备制造产业技术联盟。公司参与建立产业技术创新战略联盟7个,分别是山东省机器人产业技术创新战略联盟、黑龙江省高纬度地区电动汽车产业技术创新战略联盟、北京协同创新服务联盟、非晶节能材料产业技术创新战略联盟、江苏智能电网产业联盟、河南省电动汽车产业联盟、河南省光伏及储能产业技术创新战略联盟。

第三节 国企创新面临的挑战

国企创新虽然已经取得了重大成就,但是在新的经济发展阶段还面临一系列严峻挑战。从企业内部看,创新能力有待进一步提高,创新人才有待进一步增加,创新激励有待进一步改善。从企业外部看,对国企的地位和作用仍然存在认知误区,国有企业的管理体制和管理方法有待进一步思考,对国企主要领导人的激励和培养有待进一步加强。

一、创新能力有待进一步提高

对国企,特别是大型央企而言,创新能力有待进一步提高主要体现在两个方面,一是仍然存在比较严重的技术"卡脖子"问题,二是对提升核心技术的"自主度"重视不够。

从技术"卡脖子"问题看,无论是电子、机械、材料,还是能源、化工,很多领域挑战都很大,都存在"国产化"最后5%亟待突破的问题。中美关系巨变以前,国际技术合作比较顺利,有的央企曾经认为已经基本不存在技术"卡脖子"问题;现在情况发生了实质性的变化,不少企业发现仍然存在比较严重的技术"卡脖子"问题。

从提升核心技术的"自主度"来看,需要有更深入的认识。这里的"自主"强调的是企业拥有技术的控制权。不"自主",即使不被"卡脖子",也是不够的。其原因如下。

一是在国际竞争中的地位不同。中石油下属的东方公司就指出,没有自己的技术的时候,参加投标受歧视,有了自己的技术,在投标中会被加分。贾承造院士也指出:东方公司之所以技术创新成就巨大、企业竞争力强,一个重要原因是对自主开发技术、实现技术自主高度重视,并长期坚持。

二是改进技术的机会不同。用别人的技术,由于知识产权的限制,加上其他的问题(比如需要沿着别人的技术轨道演进),进行改进的机会有限,或者根本没有机会。比如我国的轿车合资企业,其实是"技术许可",难以在别人的技术之上进行自主创新。

相反,我国的不少产品和装备用了龙芯CPU,虽然一段时间里比英特尔的CPU落后一些,但是整个系统的性能反而可以更好,一个重要原因就是自主的技术之间可以进行很好的适配。这也有利于理解,为什么俄罗斯的电子工业落后于美国,但是有些武器装备并不落后。

二、创新人才有待进一步增加

人才是创新的基础,但是国企在吸引人才方面仍然面临不少挑战。我们访谈的一些企业家指出:国企人才匮乏,特别是科研单位,进人指标非常有限,是一个非常大的危险;不少国企在人才政策上已经非常僵化,不但内部照顾很多,更可怕的是科技人才进人指标太少,新鲜血液补充严重不足。长此以往,不用竞争就会自己困死自己。

国企引进人才难，影响因素有很多，但是最主要的是在职职工人数多。为了减少在职职工，不少单位采取了严格控制进人指标的做法，并希望通过自然退休实现减员的目的。这样做的负面影响是巨大的。一是减员速度太慢，难以从根本上解决问题；二是需要引进的人才进不来，严重影响企业的创新与发展。

三、创新激励有待进一步改善

提高企业的创新能力是有条件的，其中最主要的是调动广大职工的积极性，发挥他们的创造性。调动积极性是一项系统工程，但是最基本的是工资收入与工作的稳定。从工资收入看，不少国企曾经非常有竞争力，但是现在情况已经发生了重大变化，相当一部分企业职工的工资水平已经没有竞争力了。实际上，一些企业职工工资已经多年没有提高。

四、对国企的地位和作用仍然存在认知误区

国企的法律地位与创新实践都说明了其重要地位和作用。但是，仍然存在很多认知误区和严重偏见，认为国企根本不可能搞好、不可能创新，甚至把国企与低效率和腐败联系在一起。

比如，有的学者认为，到现在为止，发达国家都是在私有制、私有企业的基础上发展起来的，像我国这样把国有企业放在经济社会发展如此重要的位置，没有先例。这实际上从根本上否定了国有企业存在的价值，反映的更多的是对国有企业的偏见。

又比如，经济学家茅于轼先生认为，国有企业没有前途，应该私有化。在回答搜狐财经的问题"您认为国有企业该不该私有化？"时，茅于轼指出："我认为应该私有化。从经济学的理论上讲应该私有化，从历史经验上看，也应该私有化。从理论上讲，公有制企业没有最后监督人。私有制企业，老板就是最后的监督人，他不需要别人监督，他就是最后的监督人。工人有工长监督，工长有车间主任监督，车间主任有厂长监督，厂长有谁监督？有理事会，或者有老板监督。但是公有制企业名义上主人是全国百姓，实际上是没有监督的，所以只能委托国资委之类的机构监督。这些机构由谁监督？没有人监督。总而言之，国有企业没有一个最终监督人，这就是从理论上简单地讲，为什么公有制不行。"

当然，茅于轼也承认："不能说所有的公有制企业都不好，个别好的国企是有的。我认识一些国有企业的领导人，他们是忠心耿耿地把国有企业做好，这不是没有。"但是，他同时指出："一般来讲，他的问题就是没有监督。我讲的好的企业，这

些领导人都是出类拔萃的人,他不需要别人监督,他自己就忠心耿耿地把国有企业做好,这样的人不是没有的。但是一般来讲,像这样的国有企业,领导人一换,就不知怎样了。"①

对于茅于轼的观点,经济学家华生则不完全同意,他主张公有制、私有制并存。他指出:"虽然大多数发展中国家都是搞私有制,但成功的案例不多。而中国的改革是公有私有并存发展,在发展中国家中被认为是最成功的例子。公有制能否为公众利益服务取决于政府的公共决策。"

五、国有企业的管理体制和管理方法有待进一步思考

自1978年改革开放以来,也可以说从国有企业建立开始,对国有企业管理体制和管理方法的探索就一直没有停止过,比如是中央管好还是地方管好,是各个部委分工管好还是国资委统一管好,是管资本好还是管经营好,是纯国企好还是混合所有制好,都是很重要的探索领域。

有些探索是成功的,如分类管理的思想,这集中体现在2016年国资委、财政部联合印发的《关于完善中央企业功能分类考核的实施方案》(以下简称《实施方案》)中。《实施方案》明确规定,对中央企业分为三类实施考核:主业处于充分竞争行业和领域的商业类中央企业;主业处于关系国家安全、国民经济命脉的重要行业和关键领域,主要承担重大专项任务的商业类中央企业;公益类中央企业。这就表明,投资收益是央企非常重要的目标,但不是唯一的目标。因此,对后两类企业,资本管控是必要的,但是战略管控也是不可缺少的,甚至更为关键。

有些探索还需要继续。包括对国资委的定位问题、管资本与管经营的关系问题、混合所有制问题等,仍然存在不同的看法。比如,在国有企业同时担负经济、政治、社会三大责任的情况下,如何实行混合所有制?

六、对国企主要领导人的激励和培养有待进一步加强

在政策和体制确定了以后,企业家,特别是企业的"一把手",就成为影响企业发展和创新最主要的因素。比如,在激励方面,现在的一个重大挑战是,国企,特别是央企主要领导人的激励远没有到位,收入很低。国企领导人是党的干部,同时又不同于党政机关干部,他们的特殊性需要充分考虑。

---

① https://bbs.pinggu.org/thread-1366941-1-1.html.

第四节　提高国企创新能力的措施

在前面分析的基础上，本节提出进一步提高国企创新能力的措施，包括在企业内部实施创新"一把手直接负责制"、在弘扬"国企企业家精神"中走向一流、在积极发展中应对各种挑战，以及在企业外部牢固确立国企的重要地位、探索完善国有资产管理制度、对国企主要领导人进行有效的激励和培养、对大型央企实施"一企一策"制度等。

一、实施创新"一把手直接负责制"

在企业里，无论是国内还是国外，关键问题没有"一把手"直接抓，是很难解决的。特别是针对极少数重大"卡脖子"技术，有必要设立集团公司"一把手"直接负责的重大技术攻关项目。这也是夯实责任、调动资源的必然要求。

需要特别说明的是，研究表明，很多核心技术迟迟开发不出来，主要是国外对这些技术"卡而不死"，本土企业总存在"幻想"。克服这种幻想，只有"一把手"首先丢掉幻想才能实现。令人高兴的是，有些大型央企已经开始这样做了。

二、在弘扬"国企企业家精神"中走向一流

鉴于企业家精神的重要性和国企的特殊性，在本书中我们提出"国企主要领导人的企业家精神"（以下简称"国企企业家精神"）的概念。

企业家精神的核心是"不畏艰难困苦，不惧环境艰难，想尽一切办法也要开辟出一条企业发展的成功之路"。也就是说，要充分发挥企业主要领导人的主观能动性，冲破各种各样的外部约束，解决各种各样的内部问题，不断把企业发展推向新的阶段。

国企的性质对企业家精神提出了全新的要求，至少包括如下三点。

（1）党性原则。2013年12月10日，习近平同志在中央经济工作会议上的讲话指出，中国特色社会主义有很多特点和特征，但最本质的特征是坚持中国共产党领导。加强党对经济工作的领导，全面提高党领导经济工作水平，是坚持民主集中制的必然要求，也是我们政治制度的优势。党是总揽全局、协调各方的，经济工作

是中心工作,党的领导当然要在中心工作中得到充分体现,抓住了中心工作这个牛鼻子,其他工作就可以更好展开。坚持党性原则,就是要听党的话。就像人民军队一样,"听党指挥,能打硬仗,作风优良"。在新冠肺炎疫情中,很多国有企业,特别是国有医院,充分展示出了坚定的党性原则。

(2)人民性原则。国有企业是社会主义全民所有制企业,需要把全国人民的根本利益作为企业经营管理工作的基本出发点。其具体体现在,除了国防安全领域外,在国内,国有企业需要在解决其他类型企业解决不了的、事关经济社会发展全局的重大问题中发挥不可替代的作用,如投资大、见效慢、收益低的重要基础设施和农业,高质量、功能齐全、经济实惠的商业和住宅建筑,投资风险巨大的经济发展"卡脖子"项目等。

(3)探索者原则。不同于任何一个国家的实践,人类历史上还没有哪一个大国像中国这样,其国有企业在经济生活中扮演如此重要的角色。正因为如此,任何其他国家民企管理的经验,任何其他国家(比如新加坡)国企管理的经验,都需要学习,但是都不足以成为中国国企管理的主要基础。中国的国企领导者,需要大力弘扬企业家精神,独立自主地探索出搞好国有企业、增强国企竞争优势的理论和方法。

当然,探索是多方面的,也需要有一些借鉴。一个具体例子是现代企业制度,主要是两权分离下的企业治理结构(Berli et al.,1932),在发达国家已经有了很多成功经验和失败教训,都可以积极借鉴。具体而言,大幅度增加外部董事(比如美国),而不是仅仅重视来源于股东和管理者的董事,在董事会中增加职工代表(比如德国),都是完善企业治理结构的重要措施。

在新的发展阶段,弘扬国企企业家精神,就是要勇挑重担、敢于创新,在建设世界一流企业中走在前列。我们以东方公司为例加以说明。东方公司是中石油的下属企业,在1999年亏损8.8亿元,是中石油下属企业中的第一亏损大户。但是,通过持续不断的创新,其现在已经是行业当之无愧的领导企业,具体表现在以下几个方面。

第一,坚决打破技术"卡脖子"的制约。面对外国公司的技术"卡脖子",东方公司不是忍气吞声,而是奋起应战,自主研发地震资料处理解释一体化软件。2004年底,GeoEast V1.0研发成功,在全球物探行业引起强烈反响。然后,经过10多年的持续发展,GeoEast整体达到国际先进水平,部分技术国际领先,成为全球主流软件之一,先后通过雪佛龙、埃克森美孚等国际油公司资质认证,成为中石油主力物探软件平台,为找油找气作出重要贡献。作为我国大型核心软件自主研发与推广应用典型案例,GeoEast被评为国家油气重大科技专项标志性成果、中国十大创新软件产品、中石油集团十大工程技术利器,荣获国家科技进步二等奖。

第二,坚决向世界第一迈进。同东方公司的主要领导交流,突出的感觉是一种冲天的豪气。西方企业可以做行业老大,我们也可以做老大。以核心技术突破为基础,充分发挥中国市场、党组织建设的不可替代优势,抓住机会,以灵活多样的措施(如战略合作、引入一流人才),占据制高点,从而在国际市场上开疆拓土。在越来越多的技术领域,东方公司成为行业领导者(比如OBN);以销售额计算,已经多年位列世界第一,往日的竞争对手已被远远抛在后面。

第三,不断挑战自我。东方公司之所以能够快速建成世界一流企业,一个重要原因是不断挑战自我,不断以高远的目标激励自己。从解决巨亏,到解决技术"卡脖子",OBN市场份额世界第一,在世界市场展示行业龙头作用,再到迎接最艰巨的挑战(进军墨西哥湾),一步一个脚印,不断自我加压。这正是战略管理领域行之有效的以"战略意图"引领企业发展的方法(Prahalad et al.,1990)。

三、在积极发展中应对各种挑战

积极发展就是要快速发展,高速度、高质量同时进行。也就是说,国企做强做优做大三者缺一不可。实际上,对不少国有企业而言,做不大就一定做不强、做不优。这是因为,不扩大老业务的规模,不发展新业务,就难以真正解决不少国企职工人数过多的问题。如果主要依靠退休自然减员,新鲜血液进不来,特别是优秀的科研人才进不来,企业就会被困死。

令人高兴的是,一些国企已经迈出了坚实的步伐。中广核是一个很好的例子。这个企业的核心业务是核电,但是很早就把新能源作为其新的业务增长点,并且已经取得了很大的成就。截至2020年5月底,中广核境内新能源总资产达1 947亿元,净资产588亿元,在运装机总容量2 054万千瓦。预计到"十四五"末,中广核境内新能源运装机总容量将突破4 000万千瓦。

需要特别指出的是,加速发展、做大规模与国资委提出的"聚焦关键"不但不矛盾,而且是实现"聚焦关键"的重要条件。只有通过发展新业务、新产业,也就是发展"非主营业务",才能把大量的富余人员有效利用起来,聚焦主业才有可能真正实现。否则,就是被动等待自然减员,企业发展也会陷入被动。

四、牢固确立国企的重要地位

牢固确立国企的重要地位有多种方法,但最主要的是两个:一靠自己有成就,二靠加强理论修养与理论创新。国企自己创造出成就来,就能牢固确立国企的重要位置。实践已经证明,国企不但能够创新,而且可以进行一流的创新。需要做的,是把创新做得更好。

加强理论修养与理论创新,也可以牢固确立国企的重要位置。这主要表现在三个方面。

第一,对市场经济下民企优势的来源认识不够准确。比如,流行的看法是,民营企业机制灵活,可以迅速发现机会、迅速决策;可以非常有选择性地吸引人才、激励人才;可以非常容易地辞退不合格的雇员。这些认识,有正确的一面,但是也有非常偏颇的一面。当企业长大以后,这些优势就会在一定程度上减少甚至消失。比如人才激励,一个非常大的企业,是不可能像一个小企业或者初创企业一样,实行既有效又高度差异化的激励机制的,因为根本不可能对每个人的贡献作出真正客观的、大家都接受的评价。

换句话说,人们指出的国企的劣势,在很大程度上是大企业的问题,无论是我国的大企业还是发达国家的大企业。大企业必然带有相当程度的不灵活。大企业看重的是科学的决策程序,是相对稳定的工作流程。大企业为了维系一支稳定的规模庞大的人才(管理人才、科技人才)队伍,必须有相对稳定的激励政策,不可能太有选择性。

第二,对个人追求私利的重要性估计过高。西方主流经济学最主要的基础是关于个人追求私利在经济发展中的作用:这种对个人私利的追求是经济发展的原动力,这种原动力在实现个人目标的同时还会实现社会福利的增进。这也是西方主流经济学肯定私有制、否定公有制的主要依据。

毫无疑问,追求个人利益的确是一种非常重要的动力。问题在于,现代经济的发展,特别是现代大企业的出现,已经使以个人为基础的私有制出现了异化。具体而言,现代经济的一个重要趋势是所有权与经营权分离(Berle et al.,1932;Lazonick,2002;O'Sullivan,2000)。在这种情况下,如何让不是所有者的经理人员有足够的动力搞好企业是更根本的问题,所有制问题实际上已经退居次位。

当然,学术界也存在非常不同的看法(Holmstrom,1999a,1999b,2005),其中两个学术流派的观点值得特别关注。

一是以 Jensen 等为代表,认为所有权与经营权分离必然导致经营者缺乏动力,或者确切地讲,缺乏使所有者利益最大化的动力。因此,解决的办法是让经营者成为股东(Jensen,1993)。但是,这样做的成本可能会非常之高:给管理者的股份太多,将严重损害其他股东的利益;给得不够,则起不到激励的作用。由于大企业的资产非常多,也很难给管理者比较多的股份。

二是以哈佛商学院的 Chandler 为代表,认为所有权与经营权分离是一种必然趋势,因而以所有权为核心解决不了企业发展动力的问题(Chandler et al.,1997)。企业发展的动力主要来源于三个方面:①竞争的压力。市场竞争,优胜劣汰,无论是对于所有权与经营权分离的企业,还是对于二者合一的企业,这一规律同样适用。②企业经营者的追求。职业经理人,即使不是所有者,也可以有很高的追求。这就是管理学所推崇的"战略意图"的作用(Prahalad et al.,1990)。③社会规范(法律、习俗)的制约。企业的治理,包括董事会、经理层的行为方式,需要合乎社会规范的要求。因此,即使在所有权与经营权分离的情况下,董事、经理人员也不能肆意妄为。

Chandler 的研究结论可能更有利于我们理解很多现实中的现象。比如,在所有权与经营权分离的企业中,有经营得好的(比如 GE),也有经营得不那么理想的(比如 GM);在个人或者家族仍然对企业具有非常强的控制力的情况下(即所有权与经营权分离程度有限),也是既有经营得好的,也有经营得不好的。即使是 GE,有时经营得很好,有时也存在很多问题。GM 更是这样。不同行业、不同时期,情况也不同。

把视野放得更宽一些,更有利于理解私有制的作用。比如,华为是任正非先生一手创建的,但是任先生在公司的股份不到 1%,如何理解任先生的动机?再比如,在教育领域,美国有非常多世界一流的公立大学(加利福尼亚大学伯克利分校等),也有很多世界一流的私立大学(哈佛大学、MIT 等)。如何理解所有制在这里面的作用?

第三,缺乏理论创新,一切向后看,向过去的理论和实践看。公有制、国企、央企,因为在计划经济时代有一些缺陷,没有成为发达资本主义国家的主导,被认为终究会退出历史的舞台。从哲学的角度看,这显然是有问题的。人类进步的历史是不断向前看的历史、不断创新的历史、不断与时俱进的历史,而不是抓住历史不放、一切向后看。

五、探索完善国有资产管理制度

国有资产管理制度仍然需要改革与完善是共识。与此同时,也需要避免过于理想化,把希望达到的目标定得过高,而不知道这样的目标是否真正有科学的根据。基于此,根据多年的研究,我们提出如下建议。

一是确立国有资产的管理机构。我们的研究表明,现在的国资委是比较合适的机构,虽然国资委的有些具体做法也存在改进的地方。与此同时,我们同意宁高宁先生的观点:国有企业作为全民的财产,在机构上应由全国人民代表大会来代表,负责企业经营的机构应定期向全国人民代表大会报告其经营效果,就像政府的财政预算案一样;这些报告应该是公开的、透明的、分类细致的,接受全体人民代表大会代表的监督,同时向全社会公开,接受舆论及公众的监督。这样,以前的国家企业就变成了全民的资产、全民的关心，规则就可以更稳定、清楚、透明。

二是选拔好"一把手"（CEO、董事长）。如果企业主要领导的任命能够与企业的发展更加紧密地结合起来，效果会更好。比如，企业主要领导坚持主要从企业内部选拔，而且在这一选拔过程当中，真正坚持公开透明的原则，高度重视企业员工的意见。又比如，通过相应的制度、程序做到，凡是能力、人品得不到本企业员工高度认可的企业领导，不能升职，也不能调到其他企业担任领导。再比如，尽可能保证企业主要领导有比较长的任期，避免过于频繁地更换企业主要领导，让他们有足够的时间做一些兼顾短期和长期的事情。在这一点上，3M公司的例子有很好的启发性。这个企业建立后，亏损10多年，一直没有找到好的经营管理方法。直到有一天，从内部提拔了一位非常有能力的员工，企业的面貌开始发生根本的变化。这位先生在3M公司担任了20年的CEO、17年的董事长。正是在他的领导之下，3M公司确立了激发、促进创新的一系列理念，建立了一系列行之有效的方法和制度，使3M公司成为创新的典范。

三是建立高质量的董事会与董事会的各个委员会，包括：选拔委派高素质的董事、独立董事进入央企董事会；改善董事会的人员结构。

高素质的董事、独立董事，一方面需要具备一定的专业知识和经验（企业管理、人力资源管理、法律等），因而能够对企业经理层提出有价值的建议；另一方面，要有比较好的个人"信用"记录，正直公正，坚持原则，遵纪守法。

改善董事会的人员结构，一方面可以考虑参考德国的做法，选拔委派职工代表参加董事会；另一方面，可以借鉴美国的做法，独立董事的人数在董事会中达到50%或者以上。

四是处理好经理层与党组织的关系。在这个问题上，有关文件是非常清楚的。无论是2013年中央办公厅转发的《中央组织部、国务院国资委党委关于中央企业党委在现代企业制度下充分发挥政治核心作用的意见》，还是2015年印发的《中共中央、国务院关于深化国有企业改革的指导意见》和《关于在深化国有企业改革中坚持党的领导加强党的建设的若干意见》（以下简称《若干意见》），都强调在深化国有企业改革中，无论企业领导体制如何调整、治理机制如何变化、监管模式如何创新，党对国有企业的领导绝不能动摇，必须坚持党的建设同步谋划、党的组织及工作机构同步设置、党组织负责人及党务工作人员同步配备、党的工作同步开展，确保党的领导、党的建设在改革中得到充分体现和切实加强。

现在的挑战是，如何真正有效地落实有关要求，还需要认真探索。从我们的研究看，最核心的是公司的"一把手"即董事长，最好也是党委书记。这样可以防止在最高层形成"两张皮"，防止内耗。当然，这对董事长、党委书记的要求就非常高了。

五是大力加强法制建设。这个问题看起来与国有资产管理制度的关系没有那么直接,其实不然。实际上,国有企业今天面临的很多重要挑战,无论是内部挑战(比如腐败问题),还是外部挑战(比如国有企业在企业经营方面不敢像有些民企那样"灵活",结果导致在竞争中处于不利地位),都与法制不健全有关系。

比如腐败问题,核心是发生了腐败后能否真正做到依法惩治腐败。只有做到了这一点,才能震慑可能的腐败和犯罪,进而减少、防止腐败和犯罪。至于减少国有企业由于遵纪守法而做不到"灵活"产生的劣势,核心是通过法制制止其他类型企业的腐败和犯罪。

六是发挥好社会,特别是媒体的监督作用。在法制建设还有待完善的情况下,这一点尤为重要,政府要为媒体发挥健康的监督作用创造必要的条件。当然,社会监督、媒体监督需要坚持正确的价值观和导向,需要打破当前广泛存在的、以获取经济利益为目的的、不正常的"社会监督""媒体监督"。

六、对国企主要领导人进行有效的激励和培养

企业主要领导人(董事长,CEO)对企业经营管理的影响,包括对创新的影响是有目共睹的。除了企业家个人内在的创新诉求和动力以外,需要从制度上为企业家提供强有力的激励,既包括物质激励,也包括精神激励。下面重点讨论三点:报酬、督导和教育。

(一)为企业主要领导人提供有市场竞争力的报酬

在这个问题上目前存在不同的看法。一种观点认为,企业首先是一个经营单位,需要在市场竞争中求得生存和发展,因而必须遵循市场原则,企业家的报酬也就必然要求在市场上有竞争力。另一种观点认为,大型央企的主要负责人是国家干部,他们的任命不完全遵循市场原则,因而报酬也不需要完全体现市场价值。

我们的基本观点是:虽然大型央企主要负责人是国家选拔和任命的干部,但他们不是政府官员,而是企业管理者;他们的工资待遇不一定是市场上最高的,但是不应该低于他们的下属,否则,他们的价值就难以真正体现出来。从长远来讲,吸引真正的一流人才成为大型央企的主要负责人极有可能会遇到很大的困难。

(二)加强对主要领导人的督导

央企不同于民企的一个重要特点是受政府的影响很大。也正因为如此,个别央企的主要领导人在执行有关政策上谨小慎微、过于保守、怕承担责任。

如何解决这一问题?除了下面讨论的加强对央企主要领导人的理想信念教育

以外，有关部门（主要是国有资产管理部门）需要加强对央企主要负责人的督导，让他们真正负起责任。

（三）加强对主要领导人的理想信念教育

对于大型央企主要负责人而言，这一点具有特殊意义：他们虽然是企业领导人，但是肩负着特殊的使命和责任，那就是做大、做强国有经济，实现国家的战略任务。从这个意义上讲，理想信念教育的目的是打造一支特殊的队伍，使他们有自豪感、有责任感、有献身精神，而不是一般的企业家精神。正因为如此，理想信念教育是比工资待遇更为重要的事情，虽然工资待遇是不可缺少的。

七、对大型央企实施"一企一策"制度

大型央企具有重要地位和特殊作用，而且大都是行业的龙头。为了更好地发挥这些企业在创新和发展中的主力军作用，有必要对它们实行"一企一策"的管理制度。比如：中国电科、中国电子，能否成为电子行业的世界领先企业，并在光刻机、CPU、操作系统领域大有作为、引领突破；一汽集团，能否把红旗品牌打造成世界著名品牌，并在新能源车领域作出突出贡献；中粮集团，能否进一步扩大优势，为国家粮油安全作出更大的贡献；航天科技、航天科工，能否再上层楼。

第六章
大力提升民营企业的创新能力

民营企业是中国经济的重要组成部分,既有明显的优势,也有明显的劣势。本章对大力提升民企创新能力的一些重要问题,特别是高科技创业企业的发展进行探讨。

第一节 民企创新的优势

在创新方面,民企的优势主要体现在三个方面:创新的动力,创新决策的效率,创新资源的投入;动力足,速度快,资源到位,创新就更容易实现。

一、创新的动力

民企为什么具有创新的动力?首先是因为在民营企业家中,有一大批有理想、有信念、有能力的人。他们或者为了实现个人的理想,或者为了让家庭过上更幸福的生活,或者为了为国家作出自己的贡献,愿意创办企业,愿意把企业做大做强,特别是通过创新实现这一目标。

华大基因是一个典型。汪建先生和他的同事们取得的巨大成就,包括参加"人类基因组测序",也包括为抗击新冠肺炎疫情立下汗马功劳,是有目共睹的;他们的一系列重要创新,包括组织创新,也包括技术创新,是影响深远的。为什么能够取得这样的成就,有这么多创新?根本在于,汪建先生和他的同事们希望中国在一个新的科学和技术领域走在世界前列,希望人们远离病痛,生活得更健康、更幸福,希望人们能够"活到120岁"。

隆基股份是另外一个例子。这个企业在单晶硅方面拥有世界领先的技术,拥有最大的市场份额。为什么能够取得这样的成就?这与公司创始人李振国先生和他的同事们的心愿有关。他们想办一家优秀的企业,以此纪念他们母校的一位校长。这所学校是兰州大学,这位校长叫江隆基。江校长为兰州大学的发展作出了巨大贡献,受到师生的衷心爱戴。有人写道:"从江校长的实践看,一颗完美的心灵,成就了一个卓越的校长;一个卓越的校长又以他完美的心灵,吸聚了众多美丽的心灵;众多美丽的心灵成就了一座辉煌的学府;一座辉煌的学府培养出许许多多美丽的心灵。"(王戈、王作人,2015)

国双科技是第三个例子。这家企业的创始人祁国晟先生毕业于清华大学,一直希望把自己的企业办成一家世界领先的软件企业。正因为如此,面对一家著名跨国公司收购的机会时,他选择了拒绝。为了实现他的目标,他特意选择去美国上市;也是为了实现他的目标,他又选择了从美国退市。

特别强调民营企业家的理想、信念,并不是忽视经济利益的作用。对大多数民企而言,对经济利益的追求是最基本的原因。但是,在此基础上,理想、信念的巨大作用不容忽视,这同马斯洛关于人的需求层次的理论是相符的(Maslow,1971)。根据他的研究,人的需求分为多个层次,包括生理需求、安全需求、社会需求、受人尊重的需求、自我实现的需求、自我超越的需求。需要特别指出的是,马斯洛晚期的研究表明,他越来越看重最高层次的需求的意义。最高层次的需求,指的是超出了人们熟悉的、他在早期的研究中提出的人的自我实现(self actualizing)的需求,即自我超越的需求(Maslow,1971)。

实际上,从人的需求层次理论的角度思考企业创新的动力,华为任正非先生的《我们向美国人民学习什么》一文值得关注。在这篇文章中,任先生的核心观点,我们认为是"不少科研人员有自我超越的需求"。下面的几段话摘自任先生的这篇文章。

> 我说过贝尔实验室的科学家,他们的忘我奋斗精神是令人佩服的。我以前看过一部诺贝尔科学家领奖的故事片,陈述他们像科学疯子一样,到处"胡说八道",忙忙碌碌,走到哪儿就画到哪儿,并不考虑衬衣上不能写公式,不能做实验记录……

> 拼命奋斗是美国科技界普遍的现象,特别是成功者与高层管理者……如果以狭隘的金钱观来认识资本主义世界的一些奋斗者,就理解不了比尔·盖茨每天还工作14、15小时的不间歇的努力。

> 我们国家不乏有许多如两弹元勋邓稼先那样优秀的艰苦奋斗者,只要我们一代一代的优秀青年继承他们的传统,发扬他们的精神,承先启后,继往开来,中国是有希望的。

特别强调民营企业家的理想、信念,也是对经济学中的"委托-代理"理论的重要补充。在"委托-代理"理论看来,民企的所有者与管理者在很多时候是合二为一的,不存在所有权与经营权"两权分离"所带来的代理成本问题(Berle et al., 1932)。一些学者认为,民企有创新的动力,而国企的创新动力不足,主要是基于这一考虑;问题在于,从人的需求层次理论看,特别是在现代经济中,这样的认识是偏颇的。

二、创新决策的效率

民企在决策效率,包括创新决策的效率上有优势,是多个因素作用的结果。

第一,民企企业家的特点。一般而言,他们是企业的创始人和大股东,不仅威信高、能力强,而且权力大,因而决策速度快。相反,国企的主要领导者不是大股东,在董事会和管理层,需要更多地听取大家的意见,决策速度自然就更慢。

第二,企业规模。相比大型国企,绝大多数民企规模要小得多,组织复杂度、管理幅度与管理的复杂性也小得多,因而决策速度更快。至于大型民企,科学决策的速度就没有那么快了。

第三,企业外部环境的特点。不同于国企,特别是大型央企,民企决策的外部环境制约更少。比如,国企决策时,国有资产监管部门的要求、各级政府对国企的特殊要求和期望,是重要的影响因素。

三、创新资源的投入

创新需要资源的支持,既包括人力资源,也包括财务资源。得益于前面的两个优势,有志于创新的民企在创新资源的投入方面的优势也是明显的。华为是最典型的例子之一。表6-1展现了华为2010年以来在R&D上的投入;在如此高强度的投入下,产生优异的创新成果是很自然的事情。

表6-1 华为销售额及R&D支出 (10亿元)

年份	2010	2011	2012	2013	2014	2015	2016	2017	2018	2019	2020
(Ⅰ)销售额	185	204	220	239	288	395	522	604	721	859	891
(Ⅱ)R&D支出	16.6	23.7	30.1	30.7	40.8	59.6	76.4	89.7	101.5	131.7	141.9
[(Ⅱ)/(Ⅰ)]/%	9.0	11.6	13.7	12.8	14.2	15.1	14.6	14.9	14.1	15.3	15.9

实际上，国双科技、隆基股份、远大集团与华为类似，虽然是民企，但是都舍得在核心技术的研发上投入大量的资源。远大集团为了开发可持续建筑的核心技术，即芯板的产品技术和工艺技术，历时十几年，投入几十个亿。

第二节 民企创新的劣势

民企创新，有很多优势，也有明显的劣势，需要想办法克服这些劣势。本节重点关注三个方面：创新的环境，创新决策的科学性，创新人才的吸引。

一、创新的环境

在中国国内市场高度开放的背景下，在技术密集行业，本土企业在创新中基本都会面临"后来者劣势"的挑战（高旭东，2007）。"后来者劣势"是指，即使中国本土企业在核心技术开发上取得了突破，同跨国公司相比，也往往更不容易被市场接受。原因也不复杂，一是不相信中国本土企业有能力开发出同国外企业一样好的技术和产品，更不用说更好的技术和产品；二是明知中国本土企业的技术和产品同样好，但是也不愿意用本土的技术和产品，因为这会让很多人感觉到没有面子，或者怕承担责任，买了跨国公司的产品，出了问题也更容易找到推卸责任的理由；三是一些人缺乏自信心和民族自豪感。

无论是民企还是国企，都面临"后来者劣势"的挑战，但是民企的挑战更大。一个重要原因是，绝大多数民企不但规模小，而且对产业链的其他部分依赖严重。在这种情况下，就没有办法发挥大企业集团的优势，通过企业巨大的"内部市场"把创新的技术和产品用起来、完善起来，因而难以克服"后来者劣势"。相反，无论是国外的三星、现代，还是国内的中石油、中石化，都可以利用企业巨大的"内部市场"来支持创新（刘振武 等，2006；Gao，2019）。

二、创新决策的科学性

前面曾经指出，民企的一大优势是决策速度快、效率高。但是，效率高不等于正确率高、有效性高。实际上，决策速度快在很多时候意味着决策的科学性差、决策的质量不高；在企业规模大、业务复杂程度高的情况下，尤其如此。

第六章
大力提升民营企业的创新能力

实际的例子非常多，损失非常大，教训也非常深刻。最近几年，在芯片领域、新能源车领域，民企投资失败的例子比比皆是。即使在房地产、航空运输、酒店服务、金融服务等传统领域，民企投资失败的例子也是随处可见。

如何提高决策的科学性、正确性？从哲学上看，需要注意两点。一是不能太经验主义，过于依赖过去的经验，否则就是"刻舟求剑"，因为时过境迁，必然求剑不得。二是不能太教条主义，因为理论是高度抽象的，实践则丰富多彩，必须做到理论与实践相结合。实际上，无论是经验主义还是教条主义，从本质上讲都是一个问题，即太主观主义，没有坚持具体问题具体分析，没有坚持理论与实践的统一。

在操作层面，提高决策的科学性、正确性，需要坚持"学习、修养、常识"等基本原则。学习就是掌握企业管理、创新管理的基础知识。

比如，如果学习了企业竞争优势的来源是什么（Foss, 1997），特别是明白了竞争非常激烈的经济发展阶段的特点，明白企业必须拥有独特的资源和能力才能取得竞争优势（Barney, 1991；高蔚卿, 2005），就可以更好地避免过度多元化的问题——这是最近几年不少大型民企遇到的巨大挑战。

再比如，企业如何制定有效的战略？关键是加强理论学习。一个例子是，联想认为坚持走"贸工技"的道路是其发展壮大的秘诀。从联想实际走过的路来看，确实是"贸工技"。但是，从理论的角度看，联想早期的成功是有效执行了"差异化"的战略，联想的电脑装了"联想汉卡"，比别的电脑好用。实际上，联想这一名字就是从"联想汉卡"而来，在此之前其名字是"中国科学院计算技术研究所新技术发展公司"。

接下来，联想的成功来自其"低价格"战略。当跨国公司以1 800美元一台出售配置486处理器的电脑时，联想以1 200美元出售配置奔腾处理器的电脑。结果是联想的市场份额大幅度上升，《经济学家》杂志预测的到2000年时中国个人电脑市场将由跨国公司主导的结果没有出现。

修养的一个重要方面就是不能凭着性子做决策，不能过于"一意孤行"，过于"有魄力"。这可能出现在公司其他高管、其他同事认识不到位、思想跟不上的情况下，结果就是大家不理解，很难有效落实；也可能出现在摆不清个人与组织关系的情况下，像张国焘为了个人私利而"另立中央"。无论哪一种情况，都会对组织造成巨大的危害（Goldman, 2009）。

常识在决策中之所以重要就因为是常识，所以不能轻易违背。比如，人人希望被认可，人人希望被公平对待，人人不希望别人自私，人人都知道"财聚人散、财散人聚"。在华为，任正非先生坚持"以奋斗者为本"，自己现在只占不到1%的股份，背后没有多么深刻的道理，就是尊重常识。

青岛港的例子也很典型。1988年,常德传先生被任命为青岛港务局局长时,港口的年吞吐量只有2 000多万吨,码头也是年久失修,发展前景不容乐观。但是,在"5个阶段、5大战略"的引领下,青岛港成为我国最大的港口之一,位列世界第七。一是1990—1995年的"夯基战略",创建名牌港口,做好青岛港;二是1996—2000年的"超前战略",建设亿吨大港,做大青岛港;三是2001—2005年的"中心战略",建设区域性国际航运中心,做强青岛港;四是2006—2010年的"创新战略",建设创新型港口,做久青岛港;五是2010—2015的"强港战略",再造一个3亿吨的青岛港,2015年吞吐量达到6亿吨,建成东北亚国际航运中心(常德传,2008)。

青岛港务局的成功与局长常德传先生"尊重员工,关爱员工"的"常识"是紧密相关的。他指出:我们发展得好的时候,为员工涨工资;发展得困难的时候,也要自我加压,继续给员工涨工资,这是青岛港的特殊之处。正因为这样,我们才能在过去的20年中为员工涨了30次工资。在我们看来,涨工资是员工天大的事。员工靠工资吃饭,靠工资过日子。

常识的重要性还体现在对自身能力和优势的判断上,不要过于自信。比如,在创业方面,很多人认为自己的创意非常独特,别人很难有类似的想法,极有可能成功。实际情况往往是,有同样想法的人可能成千上万。

三、创新人才的吸引

在吸引创新人才方面,民企有很大的优势:可以灵活地为急需的人才、核心岗位的人才、创造力很强的人才提供优厚的待遇,包括高收入,也包括有吸引力的职位。

但是,不少民企也有一个令各类人才望而却步的地方,即"浓厚的家族氛围",把企业员工分为"自己家里人"和"其他人",导致非家族成员缺乏"归属感"。如果企业的主要领导人还存在比较严重的、不健康的"家长制"作风,让各类人才感到是"外人"的情况就会更加严重。在这样的氛围里,进行富有成效的创新是难以想象的(Goldman,2009)。

另外,不少民企习惯于以极高的代价、极高的待遇吸引极少数科技精英、管理精英,有的还非常成功。但是,这不是一个企业获得持续的创新能力和竞争优势的好办法,特别是在需要团队紧密合作的背景中。

实际上,以事业吸引人在民企也是非常重要的。以国双科技为例,其CTO(首席技术官)刘激扬先生是清华大学1980级学生,长期在惠普、微软等著名跨国公司工作,2014年加入国双科技。问他为什么加入国双科技,他说最重要的原因是认同企业主要创始人、董事长祁国晟一定要建立一个行业领先的软件企业的理念。

第三节 高科技民企创业不易

我们在第二章中指出,中国"建成第一经济大国"和"建设第一经济强国"已经有了很好的基础,特别是中国新一代的创业者展示出强大的生机与活力。鉴于高科技民企的重要性以及高科技创业的复杂性,特别是"创业不容易,长大更困难",我们把这类企业拿出来,在本节和第四节专门探讨它们的创业与长大。

一、创业不易、长大更难

研究高科技创业的文献浩如烟海。其中,哈佛大学商学院 Bhide 教授的《新企业的起源与演进》一书非常具有代表性(2000),而且已经由中国人民大学出版社出版中文版本。根据 Bhide 教授的研究,创业不容易,长大更不容易。

(一)创业不容易

Bhide 教授的研究发现,创业不容易体现在多个方面。

一是在创业大军中,超过 1/3 的人是被解雇的,或者与老板有严重的分歧。也可以说,不少时候,创业是无奈之举。另外,很多人是一边工作一边创业,辛苦程度可想而知。

二是创业风险高、收益低。比如,融资不易,只有不到 5% 的创业企业能够获得外部股权融资。很多时候,不得不把创业风险"转嫁"给家人和朋友,用他们的人力资源和金融资源,许诺他们风险极高的"股份"。又比如,创业之初,往往只能面向很少需求非常特殊的用户,是很小的利基市场,利润一般也比较低。

三是很难获得理想的创业资源,特别是人力资源。因为是创业,缺乏成功的"历史记录",一般很难吸引一流的创新资源,很多时候不得不"凑合着用"可以比较容易找到的"二流资源"。这不但使创业不易,也使以后引进一流资源困难重重;即使企业创业很成功,替换跟着自己打天下的"二流资源"也是一件很不容易、很痛苦的事情。

四是创业很折磨人。大多数创业企业都难以成功,因而财务损失是非常普遍的。更加挑战创业者的是创业过程中的"模糊性"(ambiguity),即不知道究竟怎么做才能取得成功。这不同于创业中的辛苦。很多民企讲创业是"千辛万苦""千难万险""千方百计",相对而言,这些都是比较容易解决的,只要不怕苦就行。

但是,面对"模糊性",很多人都难以承受。有一首歌的歌词是:抬头望见北斗星,心中想念毛泽东。为什么?因为在错误的领导下,不但丢掉了苏区,而且在大战失败之后看不到生存的希望。高科技创业,很多企业家是受煎熬的,实在是不容易。人们看到的都是创业成功的,但更多的是没有成功的。

(二) 长大更不容易

Bhide(2000)教授的研究还发现,创业企业长大很难。他的书中提供了一些值得重视的数据。比如职工人数增加少。1985年创办、1994年仍然存在的企业中,员工人数有增长的只有24%。也就是说,高达76%的企业从创办开始,在之后的10年左右的时间里,没有增加一个人。

二、创业企业与大企业的本质区别

创业企业为什么不容易长大?思考这个问题的一个视角是比较创业企业与大企业,看看如何实现从创业企业到大企业的跨越。Bhide教授的基本观点是:创业企业与大企业存在非常大的不同;创业企业成长为大企业的必要条件是培育独特的资源和能力(Barney,1991)。比如,他发现,创业企业存在"低初始投资、小市场、高不确定性、低可能利润"的特点,而大企业则具有"高初始投资、大市场、低不确定性、高可能利润"的特点。他还发现,在应对变化的方式上,创业企业更多的是"机会主义调整",甚至是改变经营方向,而大企业则是依赖详细的计划。

在长期研究企业创新创业的基础上,包括受 Bhide 教授和 MIT 的 Stern 教授等的启发(Gans et al.,2018),我们的基本发现是:创业企业与大企业的根本不同是各种"联系"的不稳定性(图6-1中的虚线箭头);创业企业做大做强的核心是要选择成为"离群者"(outlier)的战略,并培养以技术能力为核心的综合能力(Gao,2011)。我们在这一节先介绍基本观点,第四节再讨论创业企业的生存与做大做强。

无论是创业企业还是大企业,都包括图6-1中的各个要素(除了创业创意),即都要进行技术(产品技术和工艺技术)开发,都要进行产品开发,都有自己的股东和员工,都需要与用户和供应商打交道,都需要与融资渠道打交道,也都需要与其他利益相关者(如政府机构、非政府组织、媒体、社区等)打交道。

但是,在图6-1中,关于创业企业的各个要素之间的连线是"虚"的。也就是说,这些要素之间还没有建立起"稳定"的联系。这就告诉我们,创业企业生存下来的关键就是要把这些"不稳定"的联系变成"稳定"的联系;创业企业做大做强的核

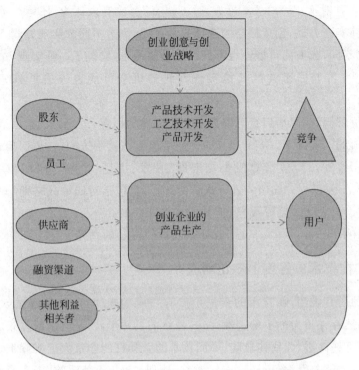

图 6-1 创业企业联系的"不稳定性":图中的虚线箭头

心是不但要建立稳定的联系,还要建立高质量的联系。这也可以称作高技术创业的"两阶段模型"。

第四节 高科技民企的生存与做大做强

一、创业企业的生存

高科技创业民企如何增加生存的机会?很多人认为,创业者需要把获得各种创业资源(资金、人才等)放在核心位置。我们的基本观点是,不一定;或者说,不是这样的。根据图 6-1 和有关文献,我们提出几点建议。

(一)创业战略的选择要三思而后行

对于创业是否需要有战略,一直存在很大争议,很多人主张"干中学"、在创业的过程中学习创业,因为"机不可失,时不再来"。也有人认为,任何一个创业的创意都有多种实现方式,创业战略的选择非常重要,因为不同的实现方式不但成本不同,难易也不同,成败的可能性也不同。更重要的是,尝试了一种实现方式后,如果发现不成功,再返回来尝试其他实现方式的机会可能也失去了(Gans et al.,2018)。

我们更赞同"三思而后行",因为对创业规律的研究已有很多,学习借鉴这些研究是有价值的。实际上,Gans 和其同事们给出了比较系统的"三思而后行"的办法(Gans et al.,2018),包括对四个要素即"技术、市场、竞争、身份"(technology、market、competition、identity)进行认真的选择,也包括对四种战略即"知识产权战略、价值链合作战略、颠覆战略、架构战略"(IP strategy、value chain cooperation strategy、disruption strategy、architectural strategy)的选择。

(二)在技术成熟度上多花功夫

大量的研究表明,新技术的演进虽然有一定的规律可循,如遵循 S 曲线的形状,但是仍然存在很大的不确定性,如 S 曲线的具体形状,是时间跨度很大、拉开得很长,还是迅速演进、曲线比较陡,不同技术的差异可能非常大。实际上,对技术演进的预测往往偏差巨大(Franklin,2003)。比如,1969 年美国的《工业研究》杂志就调研过美国行业领先企业的 R&D 负责人,他们的预测是,核聚变在 1979 年可以提供可持续的能源。2002 年,又有人预测,核聚变在 2040 年可以成为能源的来源之一。

在现实的企业竞争中,技术开发、产品开发是如何进行的呢?Wheelright 和 Clark(1992)的研究表明,需要遵循一些重要的原则。比如,要把技术发明与技术应用分开。这是因为,技术发明不但费时、费力、费资源,其结果在很大程度上也是难以预测的;如果把技术发明和技术应用混在一起,产品开发就很难避免拖期的问题。以惠普公司为例,其做法是根据企业的竞争战略确定关键的技术领域和企业需要掌握的关键技术,预先把这些技术开发并储存起来;在进行产品开发时,实际上是从已经储备好的技术中选择相关技术进行"组装"。

很多企业,包括创业企业经常犯的一个错误是在技术还很不成熟的时候就急于开发产品,认为这样才能更早地抓住市场机会。这种做法在技术非常简单的情况下是可行的,因为"技术攻关"很容易。但是,如果技术很复杂,"技术攻关"迟迟没有成果,创业只能失败。

另外一个原则是产品技术和工艺技术并重,这是生产出高质量、低成本产品的重要条件。但是,实际情况是,很多企业要么忽视工艺技术开发,要么忽视产品技术开发。20 世纪 80 年代,很多美国学者反思美国企业竞争力的下降,结果发现,一个重要的原因是美国企业不重视工艺技术的开发,认为研发主要是"产品开发",生产工艺可以比较容易地获得。我们在第四章介绍过的,开发盒式录像机的过程中,美国企业 AMPEX 更看重的是产品开发,希望通过与日本企业合作,从日本企业获得工艺技术,结果是败给了既重视产品技术也重视工艺技术的索尼、松下和 JVC 等企业(Rosenbloom et al.,1987)。

这就告诉我们,高科技创业,如果有条件的话,最好是等到技术比较成熟以后再去创业。这对大学教师、学生等个人创业者尤其如此,因为如果"暴露"过早,被实力强大的大公司看到机会,或者被其他创业者看到机会,竞争就会非常激烈,成功的可能性会大大降低(Rosenberg,2010)。

(三)慎重选择用户

用户是不同的。有些用户愿意尝试新技术、新产品,对技术和产品的成熟度没有那么挑剔(von Hippel,1988)。很多用户则不同,只有当技术、产品非常成熟、非常可靠时才愿意购买。还有的用户,在很多人购买了以后才愿意尝试,也有一些用户无论如何都不愿意尝试(Moore,2002)。对于高科技创业企业而言,如果技术成熟度不够高,最好选择那些特别愿意尝试新东西的用户,虽然这个群体可能不大。

选择生产复杂产品的企业作为用户要非常慎重。比如飞机制造商、轿车生产企业,它们的产品包含许许多多的零部件、总成、系统,更换其中的任何一个零部件,都有可能对产品产生重大影响,因而轻易不会这样做,更不用说使用一家前途未卜的创业企业的零部件;即使这一零部件具有明显的优势,也需要经历很长时间的试用和验证。

(四)慎重选择员工

创业企业往往希望以优厚的待遇吸引人才。我们的研究发现,这不一定是一个正确的选择。比如,一家创业企业在招收核心员工时坚持这样一个原则:入职后的一段时间里,待遇低于原单位而不是高于原单位。毫无疑问,招人的难度大大增加。那么,为什么要这样做呢?这家企业给出的答案是:核心员工必须认同创始人的核心理念,必须坚信创业企业是真正有前途的——相信创业创意,相信创业企业的技术或者叫作技术潜力,相信创业企业的管理能力。实践证明,这家企业的选择有其独特优势,即把真正优秀的人吸引到企业,志同道合,在创业的路上同甘共苦,创业比较顺利。筛掉那些特别看重待遇的或者那些存在各种疑虑的,被证明是正确的选择;实际上,这些人没被选中而加入其他单位后,也没有取得好的成就,发展也不理想。

（五）慎重选择股东

股东的诉求也可能是多种多样的，有的目标长远，有的目标短期，有的是为了从创业企业的发展中获得盈利，有的则是为了获得新技术、新市场的相关知识。比如，今天大家都羡慕、敬佩华为，但是 20 世纪 80 年代末、90 年代初，电信设备行业里与那时的华为类似的企业比比皆是。实际上，深圳就有一家比华为更有实力。但是，这家企业的股东在企业盈利后，不是扩大企业经营、提升企业各方面的能力，特别是技术能力，而是选择把利润分光，结果是很快掉队。

另外一个故事也非常值得琢磨。2005 年左右，一位在北京创业非常成功的企业家，专注于通信指挥系统的开发，一个机顶盒大小的系统设备可以换来一套房子；后来，为了扩大生产引入一些新股东，接着就是无穷的"折磨"——这些新股东整天缠着他，问投资什么时候能够有回报，以至于有一天不得不在被邀请给一个大学的学生上课的过程中接听一位新股东的电话。

（六）慎重选择技术方案

这个问题非常重要，也非常复杂。我们以国双科技为例来说明。我们的分析从这一现象开始：数字化转型是热门话题，很多企业对数字化转型采取了非常积极的态度，但是现实中的数字化转型效果并不理想。根据我们的长期跟踪研究，在产业互联网领域，数字化转型方案提供企业的能力不足可能是数字化转型效果不理想的主要原因。

但是，在这样一个大背景下，国双科技的发展呈现出不同的景象。国双科技对数字化转型的一些基本问题有着独到的见解，对数字化转型的基本规律有着深刻的把握。具体而言，国双科技认为，数字化转型要走向真正的智能化，必须建立在计算机对自然语言的处理之上，计算机必须真正会读书，既会处理结构化数据，也会处理非结构化数据，真正会思考问题。正因为如此，国双科技非常重视同处于自然语言处理领域最前沿的高校和科研机构开展合作，如 2014 年成立"中国人民大学-国双大数据科学联合实验室"，2015 年成立"哈工大-国双大数据科学联合实验室"。

那么，计算机能不能在短期内具备高超的认知能力而不仅仅是感知能力，从而完全理解自然语言？国双科技认为，从一般意义上讲，答案是否定的，可能还需要 20～30 年的时间，或者更长。但是，在特定的领域，可以实现重大的技术突破。正是基于这样的认识，国双科技没有试图开发一款通用的、适用于多个场景的数字化转型方案，像微软一样，开发一个操作系统或者应用软件（如 Office），可以安装在很多很多台电脑里面。相反，国双科技的战略是"化繁为简"，选择特定的领域或者行业,在这些领域或者行业一个一个攻关、一个一个突破。现在,国双科技在司法领域,在油气行业,都实现了具备相当智能的数字化转型解决方案的落地。

国双科技"化繁为简"道路的实质是,充分考虑自然语言处理领域技术的发展水平,把一个本来异常复杂的问题(开发通用的数字化转型方案)进行大大的简化,简化为开发多个适应特定领域或者行业甚至是具体场景的数字化转型方案,虽然这些数字化转型方案实际上也很复杂。再加上国双科技在诸多核心领域(比如数据仓库并行化)的技术突破,相比同行业企业,国双科技的一个一个攻关、一个一个突破的道路似乎走得更加顺利。

实际上,对复杂问题的难度认识不足,足以让一个企业的竞争优势面临巨大挑战。历史上,IBM试图在多个计算机体系结构之间建立兼容性的尝试就是一个惨痛的教训(鲍尔 等,2004)。有关文献对数字化转型面临的一系列挑战的研究,包括数字化转型过程的复杂性、多样性,以及数字化转型战略的适应性、灵活性,也在一定程度上回答了为什么国双科技选择的数字化转型道路会比较顺利(高旭东,2021)。

(七)慎重选择竞争

对于创业企业来讲,选择竞争非常关键。Bhide教授的研究(2000)表明,在新兴产业创业比较容易,因为技术是新的,市场是新的,大家的能力都差不多,没有明显的强者。在已经非常成熟、竞争格局已经非常稳定的产业,创业难度会大大增加,除非是产业正在经历巨大的转折(Fine,1998)。

"初生牛犊不怕虎"在很多时候可以描述创业企业对现有的行业领先企业的态度,认为自己掌握先进的技术,又灵活,又充满朝气,那些大企业"没什么了不起的"。在"颠覆性"技术上,这样的判断可能有一定道理。但是,在很多情况下,这样的判断可能导致最致命的错误。研究表明,无论创新多么难,只要"价值网络"没变,或者新技术的产业化需要很多互补性资产,大企业就可能拥有非常明显的优势(Christensen et al.,1995;Rosenberg,2010)。

(八)慎重选择身份

为什么需要慎重选择创业企业的身份定位?我们还是以国双科技为例来说明。公司CTO刘激扬先生谈道:国双科技是一个愿景驱动和战略驱动的公司,我在事业如日中天的时候离开微软加入国双科技,就是因为高度认同公司主要创始人祁国晟先生的核心价值观。国双科技的愿景是成为一个像微软一样为社会作出重大贡献的企业。在这样的愿景下,公司的重要决策就不会受太多的短期利益因素影响、干扰,从而为各种能力的培养,特别是深厚的技术能力的培养,提供一个适宜的土壤和环境。实际上,国双科技曾经有机会与某著名跨国公司建立合资企业或者被收购。在大多数创业者眼里,这是千载难逢的机会。但是,国双科技经过认真考虑,认为这不符合公司的愿景,不利于企业的独立成长,坚决放弃了难得的机会。

又比如,在处理扩大企业规模、降低成本与增强企业能力的关系上,国双科技似乎更倾向于增强企业能力。这样的例子非常多,一个具体的例子是,在成功开发出司法 LD(law dissecton,司法解析)后,一个选择是迅速开拓市场、扩大规模、获得收益。但是,国双科技选择的是继续深入研究 AI 技术,不做出"智讼"不罢休。如前所述,这是一个非常耗时耗力的选择,对一家创业企业而言,坚持 3 年多进行充满风险的研发,没有远大的追求,是很难做到的。

在油气领域,也是同样的选择。油气部门的负责人薛小渠先生指出:我加入国双,就是想找一个平台,做一些别人认为做不到的事情。他加入公司后,建立了一支强大的油气专家队伍,并处处以身作则。公司早上 9:00 上班,他 8:00 到。在一年多的时间里,他开车跑了 3 万多公里;经常到客户企业拜访,从北京到胜利油田(山东东营),也是自己开车去,因为没有直达的火车,自己开车也灵活。

薛小渠先生还指出:国双在油气领域能够提供行业领先的解决方案,有很多因素,包括深厚的技术积累,也包括行业专家与大数据专家的密切合作,但是这背后,是公司的战略和公司的支持。在很长一段时间,这个业务主要是投入,没有产出或者产出极为有限,没有公司的战略支持,这是做不到的。

另外,最近几年,因为大环境的关系,国双科技的效益并不好,但是国双科技的科研并没有受到太大的影响,科研投入继续大幅度增加,这也是在国双科技"三年战略"(成为企业和政府组织数字化、智能化转型的领先者)的指导下进行的。效果是明显的,国双科技的技术能力大幅度提升。比如,在大数据领域,国双科技基于分布式并行计算的优势,经过多年的深耕细作,大数据产品能力及其后端的多维度分析引擎技术在大数据行业处于领先地位。在人工智能领域,国双科技在人工智能认知层,即自然语言处理与知识图谱关键领域取得了重大突破。在知识产权方面,截止到 2020 年 6 月,国双累计专利申请量超过 3 300 件,其中大数据领域发明专利申请超过 2 200 件,人工智能领域发明专利申请超过 400 件。

二、创业企业的做大做强

创业企业不但要生存,还要做大做强。如何才能做大做强?我们的观察和研究是,一方面,要把能力培养放在核心位置,注重包括研发、生产、销售、人力资源、公共关系等在内的一系列能力的培养,或者叫作注重"综合能力"而不是单项能力的培养(Gao,2011);另一方面,成为"离群企业"是一个重要的战略选择。

我们首先讨论注重"综合能力"的培养。在图 6-2 中,"杰出的领导者和领导能力"居于核心地位,他们在确立企业的目标、规划企业的产品或者服务、培育企业的能力等方面发挥着领导作用。谭旭光(山东重工)、任正非(华为)、曹德旺(福耀)、王民(徐工集团)都是很好的例子。

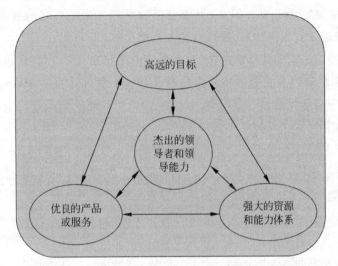

图 6-2 "综合能力"的培养支持创业企业做大做强

在图 6-2 中,"高远的目标"放在最上面。以这样的目标指导产品或者服务的提供,指导企业各项能力的培养,企业就更容易做大做强。比如,研究表明,在 1926 年 1 月 1 日投资 1 美元于拥有"高远的目标"的企业,到 1990 年 12 月 31 日的回报是 6 356 美元,而股市的平均回报只有 415 美元(Collins et al.,1996)。

"优良的产品或服务"是图 6-2 所示模型的再一个重要因素。这比较容易理解:优良的产品或服务是企业竞争优势的直接基础。企业所有的工作最终都需要体现在为提供优良的产品或服务做贡献上。

企业竞争优势的来源是"强大的资源和能力体系"(Barney,1991;Foss,1997)。如前所述,这里讲的"强大的资源和能力"指的是包括研发、生产、销售、人力资源、公共关系等在内的"综合能力"而不是单项能力。

单项杰出能力,如技术开发能力,往往不足以让创业企业做大做强。我们研究了巨龙、大唐电信、东信、中兴、华为的早期发展(Gao,2011),发现建设由技术创新能力、市场开拓能力、优秀人才吸引能力、股东合作能力(企业治理结构)等一系列能力组成的能力体系是企业发展壮大的必要条件。

比如,在这 5 家企业中,巨龙的核心技术开发能力曾经远高于华为、中兴。我国第一部万门程控交换机是由巨龙在 1991 年开发出来的,这是本土企业在高端电信设备产品突破的标志性事件。华为的万门程控交换机是在1994年开发成功的，中兴的则是在1995年开发成功。但是，巨龙的核心技术开发能力并没有保证它走在赶超跨国公司的前面。实际上，因为其他能力不足，特别是股东合作能力、市场开拓能力等很弱，它很快就落在了后面，并最终解体。大唐电信的技术能力也非常强，在无线设备方面不断有新的技术创新，特别是引领了第三代移动通信三大国际标准TD-SCDMA的开发。但是，大唐电信的市场开拓能力远远落后于中兴、华为，技术潜力也没有发挥出来，最后被并入其他企业。

东信曾经是一家非常著名的企业，占有国内手机市场的1/6，其主要负责人在20世纪90年代末因为企业经济效益好被奖励一台轿车。可非常可惜的是，东信的自主技术创新能力培养一直没有大的突破，虽然其他能力很强，至少是不弱，但是也销声匿迹了。

中兴、华为的起点弱于另外3家企业，但是在各项能力的培养方面没有明显的弱项，结果是不断由弱变强、由小变大，不但超越了另外3家企业，而且在同跨国公司的竞争中取得了令人敬佩的成就，成为世界电信设备产业的主要成员。

我们现在讨论创业企业做大做强的第二个问题，即成为"离群企业"的战略。所谓"离群企业"，就是其发展目标和行为模式（创业机会选择、人才吸引、能力培养等）与其他企业有非常大的区别。更准确地说，这些企业往往选择大家都认为难以成功的创业道路。下面我们对"离群企业"的一些重要特点做一些说明和分析。

第一，成长迅速。 "离群企业"的一个重要特点是成长迅速，对行业的发展产生巨大影响。华为，1987年创业，20多年就在跨国公司主导的市场上异军突起，成为行业领先者。振华港机于1992年在上海建立，迅速成为行业的领先者，获得了集装箱起重机世界市场80%左右的份额。FedEx（联邦快递），虽然在快递这一看起来似乎技术含量没有那么高的行业，但是却是美国第一个10年内销售额达到10亿美元的公司，一手"创造"了用飞机快递信件这一行业。

第二，逆风而行。 很多人信奉创业"风口"的作用，认为风口来了，猪也会飞起来。这可能是一种极大的误解。风是瞬息万变的，更不可能持久，风一停，猪还是猪，大概率是被跌得伤痕累累的猪。

"离群企业"往往逆风而行，在别人认为难以成功的情况下大获全胜。FedEx的创业创意来自创始人上大学时的一次作业，老师给的分数是C。任正非先生在创业的早期提出华为要成为"行业前三"的企业，没有几个人相信。Pontikes和Barnett的研究（2017）表明，"逆风而行"的创业企业比"随大流"的创业企业更容易成功，"逆风"实际上是选择更合适、更有能力的创业企业成功的重要因素之一。

第三，培养杰出的能力。 杰出的能力就是超越竞争对手的能力。以国双科技为例，其杰出的能力至少体现在两个方面。一是在国双科技内部建立以"数据科学家+行业专家"为基础的、尽可能接近现实的用户-国双互动"试验田"。二是打造领先的技术能力。

建立"试验田"是国双科技能够提供高质量的数字化转型方案的直接原因。这个"试验田"的基本功能是让行业专家团队与数据科学团队进行紧密合作,共同推出反映真实应用场景要求的解决方案。

在我们的访谈中,国双科技油气行业专家指出:大数据人工智能项目建设属于应用驱动的建设模式,必须得先从具体的应用需求出发,行业专家进行业务分析,进行工作流程拆分和业务模型建立,再和数据科学团队一起搭建逻辑算法模型,最后引入所需数据进行训练、测试和验证,直至整套系统趋近理想结果。在此过程中,业务团队和数据科学团队紧密配合,通过用户的实际数据和业务流程验证,才能形成特定应用的智能模型,并且不断循环迭代,不断优化和部署到企业实际生产中去。图6-3展示了国双科技总结出来的指导油气行业解决方案开发的一个模型。

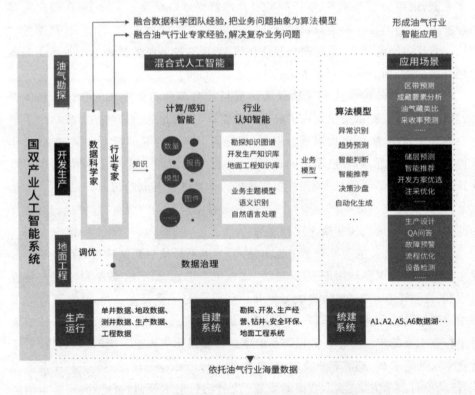

图6-3 国双科技油气行业解决方案开发模型

可以看出,国双科技的这一解决方案研发方法不同于传统的软件企业的做法,也不同于流行的互联网企业的做法:先开发出软件,然后拿到实践中应用并发现问题、解决问题,在不断迭代中完善。这一做法有一个致命的缺点:对解决方案的应用方而言,风险太大,成本太高,客户很难接受。

国双科技的做法则不然,在国双科技的"试验田"里,行业专家可以被看作虚拟的"客户",他们以其丰富的行业经验提出特定应用场景的具体需求,以此引导数据科学家建立算法模型。从某种意义上讲,这个过程的实质是把高风险、高成本在国双科技内部尽可能化解。

需要特别指出的是,在国双科技的数据科学家+行业专家"试验田"模型里,数据科学家的作用是容易理解的,不同企业之间的差异不见得特别大,但是行业专家的作用并不容易理解。实际上,行业专家的作用是独特的、不可替代的。

客户代替不了行业专家。虽然最理想的状态是国双科技的数据科学家与客户紧密合作,一起开发解决方案,但在现实中是难以做到的,因为极少有客户对大数据和人工智能有足够深刻的理解,能够与数据科学家进行有效的互动。考虑到紧密合作需要的付出,特别是时间的付出,如国双科技在司法领域的技术突破和解决方案突破,前后历经3年多,客户的紧密合作就更难以获得。实际上,在解决方案的开发中,最初的算法模型效果很难非常理想,这就需要行业专家团队与数据科学团队一起找出问题所在,花时间反复优化模型,而这种不断的试错也不是真实的客户愿意参加的,因为风险和成本太高。

业内流行的外包模式也无法代替国双科技内部的行业专家的作用。具体而言,有些解决方案提供商也重视了解客户的需求,主要是通过外包的方式,让"了解行业的合作伙伴"提供客户需求。但是,相比国双科技内部的行业专家,这些合作伙伴对行业的理解、对客户需求的把握,是远远不到位的。这些合作伙伴,也不可能像国双科技内部的行业专家一样,与数据科学家进行有效的沟通。比如,因为他们是乙方,其往往不敢提出与国双科技的数据科学家不同的观点,即使他们有这样的能力(事实是,他们往往缺乏这种能力)。

当然,国双科技的领导和员工也不是天才,也不是从一开始就想到在企业内部建立尽可能接近现实的用户-国双互动"试验田",进而总结出"数据科学家+行业专家"的方法论和创新模式,形成专家知识代码化的一整套方法论,并在后续的工作中得到了验证和完善。这是一个不断探索和学习的过程。比如,国双科技早期对于行业专家的定位并不在数据产品的创新和场景化落地上。当时国双科技对于行业专家的需求是"理解客户需求,辅助售前进行产品业务理念宣讲;利用业务经验,辅助项目演示方案、演示数据的准备;支持项目需求调研,帮助产品、技术增强业务理解;理解行业方向,能够根据国双目前优势或者储备进行方向提供或者项目建议;代表国双参与业务研讨会"。也就是说,从当时的需求来看,国双科技只是让专家作为客户与产品之间的沟通桥梁。

但是，在业务的进行中，由于深入法律行业，技术和司法专业知识之间存在知识缺口的问题马上凸显。对于一些司法专业词汇的理解、定义、内外延的把握成为项目开发中耗费沟通成本、造成资源浪费的主要瓶颈。国双科技开始利用专家为技术人员培训业务知识。当时，国双科技一方面组织了专家团队对技术人员进行多次的专项培训（包括司法程序、司法专有名词等）；另一方面建立了一个特殊的小组——包括数据科学专家、技术专家、司法专家——希望能够培养出既懂业务又懂技术的复合型人才。试验效果非常好，这开启了"数据科学家＋行业专家"的合作模式。

国双科技的第二个杰出能力是其技术能力。国双科技的数字化转型方案之所以有竞争力，不仅仅是通过"数据科学家＋行业专家"的试验田深刻反映用户的一般需求，而是以行业领先的大数据和AI技术为基础，提供行业领先的、能够满足高级需求的解决方案。

以国双科技早期的司法LD产品为例，该产品虽然可以为司法从业者提供强大的数据检索和挖掘能力，但是在具体的业务场景中，如在法官的审判工作中，尚不能提供便捷的智能辅助作用。国双科技由行业专家（法官）、数据科学家和技术专家组成的产品创新团队推出了"智讼"产品，使LD的技术在法官的审理和判决流程的应用场景中成功落地。"智讼"包括"智能阅卷辅助""主动式智能推送""智能文书生成""类案文书预警"和"诉审判一致性提醒"五个功能模块。"智讼"根据案件所处的诉讼阶段，智能切换不同的办案工具，或者启动同一办案工具的不同服务，推送不同的知识内容，为法官提供针对性的办案辅助。"智讼"在司法程序进阶的各个业务节点上，通过从业务流程系统中采集到的更新数据，分节点、分类型地为法官自动推送知识，给出开庭建议，完成文书写作，成为法官智能服务的"百宝箱"。从早期的LD产品到后来的"智讼"，是一个不断提升的过程，最终实现的是技术和产品性能的巨大飞跃。

如同"试验田"的建立和运行是一个不断探索与学习的过程，国双科技深厚的大数据和人工智能技术也是逐步积累起来的。国双科技的专家指出：长期积累沉淀的大数据人工智能技术和工具，是国双科技项目团队能够快速开展工作的前提。很多项目中经过实际生产验证的模型和算法，可以被加工复制到类似的项目或应用场景中，慢慢会形成一整套此行业的主题模型体系，并不断迭代升级。深厚的技术沉淀和行业积累，有大量好用的软件产品、工具支撑及资源保障，确保智能项目可落地、可交付。

技术积累的背后是人才的储备。比如，国双科技已经培育起一支非常优秀的数据科学团队，他们拥有很强的研究、开发、分析、建模和交付能力，在行业中具有明显优势，是国双科技的"战略资产"。在这支队伍中，聚集了很多顶尖科学家。公司 CTO 刘激扬先生指出：我加入国双以来，最自豪的一件事情就是建立了这支数据科学团队。在这支队伍中，不少是刘激扬先生手把手带出来的。国双科技的多位专家指出：这支数据科学团队，能够根据客户的数据及业务需求快速构建可执行的算法模型，在数据挖掘及智能分析、知识图谱构建及智能应用等方面有比较丰富的经验，能在技术上实现快速移植。根据不同行业的业务特点，数据科学团队有能力基于最先进的算法模型，进行有针对性的改造和适配，适应行业特定需求。高水平的数据科学团队需要和业务专家融合工作，默契配合、相互促进。他们是算法模型训练师，并具备快速理解业务逻辑的能力。

实际上，国双科技深厚的技术能力涵盖广泛的领域，刘激扬先生概括为：①全栈式地从数据采集到数据智能的技术能力；②高性能地处理结构化、非结构化数据，把知识和经验高效、准确地代码化的能力；③企业级、通用的大数据平台、数据仓库、数据智能平台、知识智能基础平台产品。这些技术能力使国双科技有能力在众多的应用领域中提供场景化落地的产品。

第五节 民企的未来发展

在中国经济需要高速度、高质量发展的大背景下，民企的未来发展充满希望。为了充分发挥民企的优势，应对民企的劣势，本节我们提出三个建议：努力实现治理结构的现代化，坚持"稳健办企业"的思想，认真思考国际化发展。

一、努力实现治理结构的现代化

在未来的发展中，实现民企治理结构的现代化是民企最重要的任务之一（吴敬琏，1993）。具体而言，民企需要在以下两个方面进行变革。

第一，治理理念的现代化。传统的企业治理结构理论以企业的目的是实现利润最大化为基础，强调建立完善的"股东大会-董事会、监事会-经理层"等组织机构。在这一治理结构中，非股东员工的地位和作用没有得到应有的体现，即使是在资本主导的时代，也会导致很多问题，如劳资矛盾等。这是 20 世纪 80 年代学术界关于美国企业竞争优势下降最主要的话题之一（Dertouzos et al.，1989）。

在知识经济时代，知识创造者、知识劳动者的作用日益突出，特别是面对思想意识具有鲜明特点的当代年轻人，传统的企业治理结构理论遇到的挑战更大。在这种情况下,深刻理解劳动者与股东的关系,深刻理解心理合同而不仅仅是经济合同的重要性,具有重大意义(Rousseau,2005)。

第二,治理结构的开放性。要把有才能的"外人"吸引到企业里来,特别是让他们加入董事会、管理层。优秀的民企,像隆基股份、美的等在这方面已经作出了很有成效的探索。

开放的治理结构也意味着企业经营管理的"透明化",对民企具有重大意义。比如,更容易吸引人才。这是有利的一面。又比如,企业受到的社会监督会显著增加;这是一把双刃剑,既可以激励企业更好地合规经营,也会暴露企业经营管理中的问题。当然,企业经营管理的"透明化"是大势所趋,等待不如先行。

二、坚持"稳健办企业"的思想

为什么特别提出"稳健办企业"的问题?因为现在存在很多不稳健的现象。

一是借助外力的思想比较严重。外力很多,包括国家政策(比如中央政府积极鼓励芯片产业的发展,地方政府积极鼓励航空运输产业的发展);也包括引进外资、建立合资企业;还包括建立各种各样的联盟,签署各种各样的合作意向。这些都是需要的,但是不能过度。最根本的是企业自身的力量,自身力量不够强大,就没有利用好外部资源的条件(Levinthal,1990)。

二是存在侥幸心理。虽然对企业自身的资源和能力有比较清楚的认识,但是不想错过看似难得的机会,因而还是冒险一搏,希望尽快跨过危险。最近几年,一些大型民企出问题,包括过度多元化,心存侥幸是一个重要原因。

三是经营理念存在严重问题。比如,喜欢造势,喜欢以各种"商业模式"创新进行宣传。特别是在高科技行业,"商业模式"创新的作用被严重夸大。实际上,没有自己的核心技术,"商业模式"创新就没有基础。

如何做到"稳健办企业"?除了企业家自己不断提升认知水平和管理能力以外,很重要的是建立高质量的参谋团队。企业经营千头万绪,出错的机会很多,单靠企业主要领导人是难以应付的。以各方面的专业人才,包括企业战略管理方面的人才(熟悉企业定位、核心价值观、企业竞争战略、企业能力培养),建立专职的参谋团队,集中精力了解、分析企业的发展环境、内部发展,是必要的安排。

三、认真思考国际化发展

在经济"双循环"的背景下,为什么特别强调国际化发展?一是国际市场机会多,二是国际市场锻炼人。

中国市场虽大,毕竟只是世界经济的很小一部分。发达国家之所以发达,从结果看,就是把生意做到全世界,对外出口,对外投资。以2007—2016年人均出口额为例(西蒙 等,2019),最高的是德国,人均167 589美元,韩国为96 082美元,日本为56 248美元,美国为43 466美元,中国为13 367美元。

在国际市场上发展是锻炼能力的好办法。如前所述,美国学者在20世纪80年代反思美国企业竞争优势下降时的一个重要结论是,美国企业过于内向,对世界市场的关注不够(Dertouzos et al.,1989)。

当然,开拓国际市场不容易。在新的环境里,经济体系、政治环境、文化传统、宗教信仰,都需要深入了解。在国内成功的经验可能难以移植,已有的能力可能失效或者不足,新的能力需要培养。这些都是挑战。但是,企业家的使命就是迎接挑战、创造未来。

第七章 国家治理能力的提升

经济发展新阶段的环境复杂、任务艰巨,对国家治理能力的提升要求非常高。这一章主要探讨国家治理能力面临的几个重要挑战和提升国家治理能力的基本思路。

第一节 国家治理能力面临的重要挑战

在经济发展的新阶段,国家治理能力面临的挑战很多,我们主要讨论三个:重大挑战的应对能力,重大政策的协调能力,重大命题的探索能力。

一、重大挑战的应对能力

应对重大挑战,一是认识能力,二是行动能力。正确认识重大挑战的性质是应对重大挑战的前提。比如,中国面对的技术(如光刻机、高端芯片等)封锁是什么性质?是短期的挑战还是长期的挑战?是通过谈判可以解决的问题还是谈判根本不起作用?是可以通过合作解决的问题还是必须独立自主地解决?对这些问题的不同回答,既反映出对挑战的性质的把握,又决定了需要采取的行动的特点。

再比如,有人讲,中美较量已经进入"相持"阶段,美国也没有什么新的"招数"了。也有人判断,较量才刚刚开始,如果美国决定在经济和科技上彻底与中国脱钩会是什么情况?比如切断互联网联系、切断金融联系、切断工业软件销售渠道等。

行动能力直接决定应对重大挑战的成败。比如,如果当前技术封锁的性质是大国博弈的核心问题,其解决就必须通过自主创新来实现。接下来的问题是,行动能力是否足够强、足够有效?

从历史经验看,面临的挑战非常大。比如,中国的传统轿车产业在20世纪80年代开始合资,本意是希望通过合资引进国外的先进技术,进而消化吸收并形成自主发展轿车产业的能力,也就是人们常说的"市场换技术"。其效果并不好,市场让出去了,也学到了制造能力,但是根本的产品设计能力和工程化能力一直难以形成。

在认识到这个问题以后,有关部门,特别是相关部委也想解决问题,尤其是在2006年提出自主技术创新、建设创新型国家后,国务院有关部委不止一次制定汽车发展的产业政策,但是收效甚微(在新能源车领域则成效明显)。

为什么是这样一种情况?两个原因需要特别关注。

第一个原因,很长一段时间里,过于相信市场的自我调节作用,排斥政府的作用,或者说政府的作用主要体现在"宣传、鼓励、引导"层面,政府制定的一系列政策因为没有强制性无法得到实施。这也说明,为了有效应对重大挑战,需要在政府职能、政策落实上有重大调整和实质性变化。相反,纯粹寄希望于市场的力量,问题是解决不了的。

第二个原因,很长一段时间里,对国际关系基本性质和演化的判断存在过于理想化的成分,对国际化的好处看得很重,但是对其风险缺乏认识,特别是对大国博弈中的利益冲突缺乏认识、缺乏准备,有时甚至希望通过主动退让、主动吃亏来维系经济开放和经济国际化。

二、重大政策的协调能力

我们从一个实例谈起。2021年,全国性的缺煤、缺电问题非常严重,不但对正常的生产、生活产生了严重影响,而且在社会上引起了各种猜想。为此,中央财经委员会办公室副主任韩文秀同志指出(2022),要"**正确认识和把握初级产品供给保障。初级产品,包括农产品和能源矿产等,是整个经济最为基础的部分,基础不牢、地动山摇。**2021年一些国家和地区出现了供给紊乱和短缺的问题,再次点醒我们,这是一个事关全局的战略性问题。我国初级产品进口依存度已经很高,有的还在上升,比如,石油对外依存度77%,铁矿石81%,铜精矿78%,大豆84%,初级产品供应的重大缺口,可能演变成为'灰犀牛'事件"。

问题在于,中国不缺煤,火力发电技术世界领先,大电厂的环保工作也非常到位,在这样的情况下为什么还出现了比较严重的缺煤、缺电现象?

实际上,事情的发生并不复杂,主要是重大政策之间的协调不够有效。具体而言，一是经济发展政策，必须有一定的发展速度，否则"六稳六保"（稳就业、稳金融、稳外贸、稳外资、稳投资、稳预期；保居民就业、保基本民生、保市场主体、保粮食能源安全、保产业链供应链稳定、保基层运转）就难以实现。二是高质量发展政策，包括坚持经济发展中的绿色、环保、"双碳"。这代表中国经济的发展方向，需要高度重视。

问题在于，当两项政策都非常重要的时候，谁是第一，谁是第二？这时候笼统地讲全面考虑、综合平衡容易，但是具体落实时缺乏清晰的遵循，很多地方（各个部委、各个省份）都会按照自己的理解去执行。在2021年缺煤、缺电这件事情上，就是执行政策时过于偏向绿色、环保问题，对经济发展的速度要求没有给予足够的重视。

实际上，重大政策的协调问题还体现在其他领域。比如，自主创新、实现科技自立自强是国家的重大政策，对外开放、吸引外资也是国家的重大政策。问题在于，这两大政策并非总是一致的，也存在相互矛盾的地方。特别是在地方政府层面，为了招商引资，往往牺牲了自主创新。在自主创新很难短期见效、招商引资又可以立竿见影的情况下，矛盾更加突出。

重大政策不容易协调不是中国独有的问题，世界各国都是一样的。比如美国政府，一方面要应对中国的崛起，防止失去"领导"地位；另一方面又要在应对气候变化等领域与中国合作，也需要协调不同政策。

三、重大命题的探索能力

在经济发展的新阶段，有些问题已经有了比较清楚的认识，有些问题则还比较模糊。在这种情况下，需要加强对一些重大命题的探索能力。我们提出7大命题：国际格局的新变化及其趋势，重大民生保障问题（住房、教育、医疗），国企的地位和管理模式问题，经济社会发展新模式问题，经济布局问题（或者叫作北方经济振兴问题），社会矛盾的预防和化解问题，人口问题。

（一）国际格局的新变化及其趋势

未来的国际格局究竟会是什么样，哪些因素会深刻影响国际格局，是需要深刻思考的问题。在人类历史的长河中，一个基本事实是，国际化、逆国际化都可能成为主导模式，而大国博弈是其背后最重要的驱动因素之一。这也意味着，国际化不断深化的趋势是可能被逆转的。如果逆转，是新的两个大国冷战，还是多个大经济体内部合作但是外部封闭（比如中国，或者中国＋东盟，或者中国＋东亚；美国，欧盟，等等）？

（二）重大民生保障问题（住房、教育、医疗）

这是一个世界性难题，但是在中国社会主义体制下，具有特殊的重要意义，关系到基本的社会公平和社会稳定。一个基本的事实是，这些问题解决不好，即使是发达国家，也容易引起社会动荡。

中华人民共和国成立以来，中国一直在探索解决**重大民生保障问题**的方法，既有计划经济年代的探索，也有改革开放以来的探索。第一阶段的探索，社会公平问题解决得比较好；第二阶段的探索，调动人的积极性比较好。现在的挑战是，公平问题、积极性问题都需要进一步探索。

习近平总书记指出：房子是用来住的。在这一思想指导下，能不能认真研究社会主义中国解决**住房**、**教育**、**医疗**等重大民生保障问题的方案？有没有可能对目前的**住房**、**教育**、**医疗**模式进行重大调整，为全体人民提供高质量、低价格的**住房**、**教育**、**医疗**？

以高质量、低价格的住房为例，价格是不是可以控制？实际上，土地是国家的或者集体的，建筑成本也不高，完全有条件实现低成本、低价格。住房面积能不能比较大？不但有休息的房间，还有学习的房间，也有实现自己兴趣爱好的房间——如做一些航模方面的活动、实现一些机械方面的兴趣、做一些计算机方面的探索——这也可以成为创业的基础。

（三）国企的地位和管理模式问题

我们在前面讨论过这个问题。核心是两点。一是国企改革的"理想目标"是什么？选择这样的目标的理论基础是什么？这个问题不清楚，一些具体问题，如是管资本还是管运营，就很难有明确的结论，工作中就会陷入迷茫和混乱。二是国企与民企的关系，是否一定要通过"混合所有制"才能搞好国企？如果答案是肯定的，国企存在的真正意义又在哪里？如果答案是否定的，如何处理好两种类型的企业之间的关系？

（四）经济社会发展新模式问题

为了化解人类发展中的诸多挑战，如气候问题、健康问题等，世界各国都在探讨应对之策。绿色发展就是中国政府的重大政策选择。实际上，从人的生存、健康、发展的基本要求出发，是不是可以有更为开阔的视野、更为深入的探讨？这同上面提出的探索解决**重大民生保障问题**也是有关的。

在人的生存方面，包括衣食住行，真的需要学习、模仿发达国家大量消耗资源、能源的模式吗？虽然有时候感到很方便，但是也确实非常浪费。

在健康方面,能不能真正做到"预防为主"? 能不能真正发挥中医中药的特殊作用?

(五) 经济布局问题(或者叫作北方经济振兴问题)

我国经济发展中的一个重大挑战是区域发展不平衡问题。比如东北的发展,经济地位下滑比较严重,引起了很大关注和争议。现在有人认为山东也面临很大挑战。如果北方经济真出了大问题,不但国家的经济发展会受阻,社会稳定也会遇到挑战。

(六) 社会矛盾的预防和化解问题

经济发展是社会发展的重要内容,但不是唯一内容。一些经济发达国家社会问题突出,是一个需要深入研究的问题。比如,社会问题突出的原因在哪里? 是不是收入分配非常不公? 是不是社会地位过于悬殊? 是不是历史恩怨? 是不是不同社会群体的文化传统与核心价值观差异巨大? 中国需要怎么做才能有效预防和化解社会矛盾? 移民问题应该如何对待?

(七) 人口问题

从某种意义上讲,这个命题是最重要,也是最具挑战性的。现在对中国未来的人口有多种预测,比较悲观的是到2100年中国人口占世界人口的比例会大幅度下滑到不足10%。无论是悲观的还是乐观的,占世界人口的比例大幅度下滑似乎是共识。如果真是这样,就是一个异常严峻的挑战:千辛万苦发展经济,难道就是为了这样一个结果? 中华民族的发展、中华文明的传承从何谈起?

第二节 对提升国家治理能力的建议

在这一节我们对国家治理能力的提升提出一些建议:把握大局与抓主要矛盾,掌握政策落地的抓手,及时总结经验教训,落实高级干部的责任和担当,减少管理中的随意性,保证信息上通下达,切实加强理论建设。

一、把握大局与抓主要矛盾

什么是大局? 当前和今后相当长的一段时间里,大局就是国际关系进入新阶段,中国的发展环境充满挑战和不确定性,特别是外部的封锁和遏制。

什么是主要矛盾?主要矛盾就是需要以自立自强打破外部的封锁和遏制,具体而言,就是要建立以本土企业为主导的创新体系、产业体系和经济体系。实际上,党的十九届五中全会明确提出,坚持创新在我国现代化建设全局中的核心地位,把科技自立自强作为国家发展的战略支撑。

认清了大局,抓住了主要矛盾,第一节提出的三大挑战就有了应对的基础。比如,如何提高重大政策的协调能力?一个基本的办法就是对多项政策进行排序。**比如自主创新与引进外资,两者都重要,但是哪一个更重要?**毫无疑问,自主创新要排在第一位,二者产生矛盾时,优先考虑自主创新。

对多个重要政策进行排序就是要避免"这个政策重要,那个政策也重要"的情况,就是要避免政策执行中出现"各取所需"的情况。在这一点上,不能"和稀泥"。

比如,各省份在对外招商引资的时候,需要认真识别这些企业是否与被美国政府列入实体名单的中国企业存在竞争关系,存在竞争关系的,在招商引资中要区别对待,而不是简单的"热烈欢迎"。否则,就是是非不分,就是帮助别人打压本土企业了。具体而言,华为、华大基因被列入实体名单,相关的美国企业在中国市场发展就需要区别对待。

二、掌握政策落地的抓手

制定政策是重要的,执行政策同样重要,也可以说更重要;没有落实,政策就是一张废纸。无论是中央政府还是地方政府,政策的落地都需要强有力的抓手。在中央政府层面,除了正常的财税政策等以外,最重要的有两条。

一是以大工程、大项目作为抓手,创造重大的发展机会(比如特高压、高铁、远大集团的芯板材料),应对重大的挑战(比如光刻机问题)。我们在前面已经提出实施"三大工程"(产业格局重塑工程;"卡脖子"技术突破工程;前沿技术突破工程),在此不再重复。

当然,还有一个问题非常关键:谁来提出和领导"三大工程"?相关部委?或者更高层次的领导机构?这个问题需要落实。

二是选派优秀的干部。毛泽东讲:山东只换了一个罗荣桓,山东全局的棋就活了。山东把所有的战略点线都抢占和包围了。只有山东全省是我们完整的、最重要的战略基地。北占东北,南下长江,都主要依靠山东。罗荣桓在决定中国革命成败的地区,做好了决定中国革命成败的事业(于斌,2018)。

在地方政府层面,以培育新产业为重要抓手,是成功的经验。合肥是内陆城市,既不是上海,也不是深圳,但是新兴产业(显示材料、芯片、新能源汽车)一个接着一个发展。苏州有地利的优势,但是更重要的是战略眼光和创新的工作,坚持问题导向和实用导向的产学研联动,聚焦创新人才培养、创新型企业繁衍和创新集群的培育,实现了生物医药、纳米技术、人工智能等新兴产业的蓬勃发展(王缉慈,2021)。

充分认识传统产业的重要性、促进传统产业的高质量发展也是重要的抓手。一个时期以来,对"传统产业"存在比较严重的误解,大量企业被关停,对经济发展产生很大的负面影响。在这一过程中,也有非常清醒的认识。淄博市委书记江敦涛是一个很好的例子。2020年4月24—25日,淄博市召开实施产业赋能加快传统产业转型升级现场会,江敦涛指出:传统产业是淄博经济发展的"基石"和优势,孕育了一批优势主导产业、龙头骨干企业和优秀企业家,为淄博经济社会发展提供了重要支撑,为有效应对新冠肺炎疫情作出了重要贡献。在当前和今后相当长一个时期内,传统产业这个"饭碗"我们不仅不能丢,而且要端好,还要推动转型升级持续发展好。同时,要充分看到淄博市传统产业发展面临的严峻形势,下决心推进产业赋能、加快转型升级。江敦涛还指出:加快传统产业转型升级要舍得大投入,通过"五个优化",即"优化提升技术工艺、优化拓展产品体系、优化提高产品质量、优化完善产业链条、优化提升经济效益",重塑产业优势(江学俊 等,2020)。

三、及时总结经验教训

面对复杂的环境和矛盾,不犯错误是不可能的,关键是总结经验教训,迅速调整有关政策。比如前面提到的缺煤、缺电问题,影响很大,好在比较快地得到了解决。对此,李毅中指出,"前一段拉闸限电回过头来要总结点经验教训,政府出手了,眼看着煤价从600块涨到2500块怎么不出手?及时出手这个问题就解决了。当时有记者问我怎么看,我说第一就不应该发生这样的问题,我们不是没有煤,煤藏量很丰富,不是没有能力,我们的能力过剩,连续3年煤矿在去产能,火电用量和水平都那么高,我们不是要新建煤矿,是有,而是没发挥出来"。

同样针对这件事情,中央财经委员会办公室副主任韩文秀指出,要积极推出有利于经济稳定的政策,慎重出台有收缩效应的政策,政策发力要适当靠前;不把长期目标短期化,系统目标碎片化,不把持久战打成突击战;要加强统筹协调,避免把整体任务简单一分了之,更不能层层加码,导致基层难以承受(缴翼飞,2021)。

韩文秀同志还指出:虽然"双碳"是党中央的重大战略决策,也是高质量发展的内在要求,但是搞"碳冲锋"、搞运动式"减碳",都不符合党中央的要求。实现"双碳",目标上要坚定不移,策略上要稳中求进,充分考虑国内能源结构、产业结构等基本国情,通盘谋划、先立后破,不能影响经济社会发展全局,要立足以煤为主的基本国情,推动煤炭和新能源优化组合(戴小河 等,2021)。

四、落实高级干部的责任和担当

高级干部,特别是部委和省级主要领导人,是推进各项事业的关键所在。他们的经验、能力非常重要,但是责任和担当更重要。换句话说,需要深刻思考韩文秀同志提到的有的地方搞"碳冲锋"、有的搞运动式"减碳",而不是"充分考虑国内能源结构、产业结构等基本国情,通盘谋划、先立后破,不能影响经济社会发展全局"(韩文秀,2022)。

以史为鉴是有益的。比如,20世纪50年代"大跃进"出现了很大的偏差,原因何在?高级干部的责任和担当是一个非常重要的原因。实际上,毛泽东非常清楚"亩产万斤"是不可能的。1959年他视察济南东郊人民公社,公社书记郑松汇报说,东郊人民公社1958年亩产粮食740斤,但是毛泽东不信。他问道:"有这么多吗?你们怎么知道收这么多,又没有过秤?怎么算出来的?"毛泽东还问道:"你们今年的小麦怎么样,打400斤比去年翻一番吧?"一位生产队支部书记回答道:"400斤可多,我是准备亩产小麦3 000斤。"毛泽东说:"现在我不相信,等你们打出来我才相信哩。"(大众日报,2012)。

实际上,毛泽东不仅仅对基层干部讲他不相信"亩产万斤"。他亲口问一位省领导:我们都是农民出身,你告诉我一亩地能打多少斤粮食?1958年11月21—27日,中共中央政治局在武昌召开会议,讨论人民公社和1959年国民经济计划问题,各省主要领导都讲每亩可以生产粮食几千斤、几万斤。当看到江苏省委书记江渭清不讲话时,毛泽东让他讲。江渭清说:"主席,这半年多来,我犯了两个错误。一个是高指标,一个是浮夸风。"毛泽东说:错了改正就是了(冯晓蔚,2015)。

如何落实高级干部的责任和担当?

一是高级干部自己要严格要求自己。江渭清同志讲:"我所以能在毛主席面前敢讲真话,因为我是来干革命的,不是来当'官'的。我们共产党人办事,一切都要有利于人民,为群众着想。关键时刻如果不向中央讲实话,就是对党对人民不负责任。"(冯晓蔚,2015)

二是对高级干部的提拔任用非常关键,也可以说是最重要的。一个重要原则是不能把缺乏责任和担当的人安排在如此重要的岗位上,不能把机械地而不是创造性地贯彻党的方针政策的人安排在如此重要的岗位上。

当然,如何识别高级干部是不是有责任和担当不容易。一方面,对党的政策要坚决贯彻执行,特别是需要有人起到带头、先锋模范作用。另一方面,高级干部要在实事求是的基础上起带头、先锋模范作用,而不是在形式上起带头、先锋模范作用。

三是加强教育和学习。经济发展新阶段的形势异常复杂,即使是高级干部也可能把握不好,如如何处理自主创新、引进外资、深化改革的关系,如何处理高速发展、高质量发展、绿色发展的关系。

五、减少管理中的随意性

管理中的随意性指的是只有大的原则,缺乏具体标准。比如化工企业有可能污染环境,但是具体标准是什么?又比如淘汰落后产能,如何衡量落后产能?在什么情况下企业必须关停?这些问题,看似琐碎,但是关系到企业,特别是民企的生死存亡。我们的调研表明,企业家,包括民企企业家,大都同意绿色发展、高质量发展,但是往往看不到具体的标准,很多时候感到无所适从、损失巨大,教训是非常深刻的。

需要特别指出的是,在法制建设仍然存在不少短板的情况下,减少管理中的随意性尤为重要。否则,企业家,特别是民企企业家就很难形成稳定的预期,对经济的健康发展是十分有害的。

六、保证信息上通下达

通畅的信息是良好的治理能力的重要保障。现在的情况是,对于上通下达而言,信息下达比较顺畅,虽然也有需要改进的地方。信息上通的渠道很多,但是有一条渠道的作用是不可替代的,即互联网和大众媒体。管理得当的话,通过互联网和大众媒体可以更早地发现问题,更客观地发现问题,更广泛地发现问题。不仅仅是发现问题,也可以集思广益帮助解决问题,还可以监督问题的解决。

对于信息通畅的重要性需要真正提高认识。2021年发生在河北省霸州市的事件是一声警钟。据统计,2021年10月1日—12月6日,霸州市15个乡镇(街道、开发区)入库和未入库罚没收入6 718.37万元,是1—9月罚没收入(596.59万元)的11倍;11月份,13个乡镇(街道、开发区)出现明显的运动式执法,当月入库罚没收入4 729.57万元,是1—9月月均罚没收入的80倍。对此,2021年12月17日,国办督查室发布《关于河北省霸州市出现大面积大规模乱收费乱罚款乱摊派问题的督查情况通报》指出:霸州市严重违反党中央、国务院决策部署和政策要求,违规出台非税收入考核办法,向下辖乡镇(街道、开发区)下达非税收入任务,组织开展运动式执法,出现大面积大规模乱收费、乱罚款、乱摊派问题,引起企业和群众强烈不满(王远,2021)。

七、切实加强理论建设

应对复杂的局势、探索重大的命题,需要加强理论研究,以先进的理论指导实践。缺乏理论创新,实践会遇到很多困难乃至停滞不前。我们举一个例子:东北如何振兴。很多人把东北的衰弱归结为"体制落后",特别是认为体制落后是因为"国有企业"比例太高。

这样的认识是十分偏颇的。全国有很多这样的例子:20世纪90年代,很多地方的国企经营不善,甚至是负债累累,不得不对这些国企进行改制。问题在于,改制以后,这些地方的经济也没有发展起来。更令人不能理解的是,那些改制的企业,真正发展壮大起来的也是凤毛麟角。换句话说,那样的国企改制并没有起到搞活企业、搞活地方经济的作用。这实际上涉及一个非常核心的问题:国企究竟如何改革才能焕发生机和活力?

我们在研究中用四个理论来认识这个问题。这四个理论是:**企业竞争优势理论**,**地区竞争优势理论**,**改革与创新和发展的关系理论**,**地区转型模式理论**。我们**重点介绍地区转型模式理论**。我们发现,改革开放以来,中国不同地区的发展基本存在两种模式,即连续式发展模式和转型式发展模式,而且前一种模式具有极大的**优势**,如图7-1和图7-2所示。

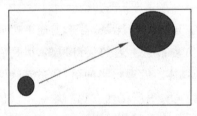 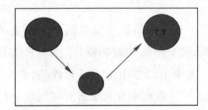

图7-1　连续式发展示意图　　　　图7-2　转型式发展示意图

理论上,我们把**连续式发展**界定为:一个地方的发展主要是借助新建企业,或者至少主要是借助发展新业务。比如广东,有大量的外商投资企业的进入,有大量的乡镇企业的发展,有大量的外来企业(来自内陆投资或者迁移,如中兴通讯、华大基因);相反,原有的国有企业、集体企业占的比例越来越小,特别是不需要特别依赖从这些企业释放发展资源来发展地方经济。其他如浙江,甚至江苏、福建,情况类似。

我们把**转型式发展**界定为:一个地方的发展主要是借助改变现有企业的体制机制,特别是主要借助发展原有的业务。东三省是典型的代表。一些国企占比非常大的城市也是这种情况。

在连续式发展模式中,起步较低(图 7-1 中的小圆圈),但是成长顺利。在转型式发展模式中,起步似乎更高(原有基础好),但是转型不易,因为在微观上,企业很难同时培育两种能力;在宏观上/区域层面,资源需要从现有体制中艰难地释放出来——往往是等了很多年以后才开始释放,但是大好时机可能已经失去,能不能再发展起来,充满变数(所以在图 7-2 中的圆圈中画了两个问号)。

连续式发展相对转型式发展具有极大的优势,背后的原因包括以下几个方面。

第一,在微观层面,连续式发展中,企业的能力在开始时可能不够强(个体企业、私营企业、乡镇企业),也可能比较强(外资企业、合资企业),但是从开始就在市场环境中发展,**可以全方位学习和培育市场能力**,越来越强壮。在转型式发展中,企业一方面要适应原有体制机制(计划体制),另一方面又要学习和培育市场能力,不得不**"一心二用"**,大部分企业都很难做到这一点,因为周伯通式的能够"左右互搏"的人物毕竟是少数,**结果是转型极难成功**。实际上,这一分析也适用于体制内的单位/企业。比如大唐电信与武汉邮电科学研究院有限公司,前者一直是在计划与市场之间徘徊,而后者因为在武汉,不能像大唐电信一样在北京"近水楼台先得月",选择了集中精力在市场里打拼,结果是多年以后大唐电信难以独立发展而被并入武汉邮电科学研究院有限公司。

第二,在宏观层面,连续式发展中,资源是在市场竞争的环境中自然流向效益高的领域和企业。但是,在转型式发展中,国家政策的重点是"改革国企、搞活国企",因此资源主要是在现有企业**内部**进行配置。特别是,如前所述,在转型式发展中,一个企业难以"一心二用",难以同时培养两套能力,微观层面的转型非常艰难,这一逻辑表现在宏观上,就是地区的转型和发展也非常艰难。因此,东北的衰落,**核心是把主要精力放在了老企业的"改革和转型"上**,而不是把主要资源或者相当一部分资源用在建立新的企业、发展新的业务上。

第三,连续式发展可以很快。事实上,1978 年,广东的 GDP 总量在中国内地位居第 5,1989 年就已经成为全国第 1 了。浙江在 1978 年是第 12 位,到 1988 年就上升到第 6 位。

第四,转型式发展则是很容易、很快出现下滑的情况。辽宁 GDP 在 1978 年是全国第 3,1989 年下降为第 4(**实际上是被广东和山东两个省超越**,原来的老大上海下降可以理解,江苏作为老二地位没变),1995 年下降为第 7(再被浙江、河南、河北超越),1999 年下降到第 8(再被上海超越),到 2017 年再下降到全国第 14 位。黑龙江下降更快:1978 年时全国排第 8 位,1989 年降到第 12 位,2017 年则下降到第 21 位。吉林则退步少一些:从 1978 年的第 18 位下降到 2017 年的第 23 位。

转型理论对东北经济振兴的启示是非常明显的。第一,转型式发展模式决定了东北经济的下滑是必然的。第二,今后东北经济的振兴,不仅需要对现有企业进行改革,更重要的是建立新企业(既可以是国企,也可以是民企)、注入新活力。

在这样的理论基础上,振兴东北除了自己的努力,什么样的政策支持会收到比较好的效果?

一是**重大税收优惠**。比如,凡是在东北新建的企业,能否在未来5~10年里一律免税?之所以提这样的建议,就是考虑到,如果没有**重大的优惠政策**,投资者为什么要到东北?

二是**大幅度增加东北高校的办学资源**。东北高等教育基础雄厚,如果能够在招生规模、实验室建设、资金投入等方面给予大力支持,不但可以直接支持东北振兴,也可以为全国培养更多人才、出更多科研成果。特别是,这是一个切实可行的抓手,可以取得立竿见影的效果。

三是**在东北布局大项目**。一段时间以来,重大项目(包括科学中心)、重大政策,向东南沿海倾斜明显。从振兴北方经济、振兴东北经济、实现全国协调发展的战略高度出发,需要作出必要的调整。

第八章 在重大理论创新和实践探索中迎接新阶段的到来

在重大的历史转折点上,人们的认识往往存在巨大差异,人们的行动往往存在巨大不同。把握历史转折的基本规律,需要进行重大的理论创新,需要进行果敢的实践探索。在本章,我们重点讨论:有管理、有限度的经济国际化,中国经济发展的道路自信和理论自信,以及提高重大变革和探索的有效性。

第一节 有管理、有限度的经济国际化

迎接经济发展新阶段需要准确把握复杂多变的国际经济环境。那么,未来国际经济关系的基本趋势是什么?我们提出一个理论判断:在今后相当长的一段时间里,经济国际化是有管理的、有限度的国际化。也就是说,国际化本身存在矛盾,矛盾积累到一定程度就需要干预,包括主权国家通过政策进行的干预(如各种贸易、投资方面的协调)。

一、有管理、有限度的经济国际化的微观基础

企业竞争的性质是有管理、有限度的经济国际化的重要微观基础。具体而言,企业竞争的基本性质是有生有死、优胜劣汰(Barney,1991;Foss,1997)。在一国之内,这样的结果是资源优化配置的必然要求,也不必过于担心其负面影响。比如重新安置企业职工,可以在别的企业找到机会,也有社会保障的托底,必要时还可以出台特殊的政策。

但是,超出了国界,情况就变了。比如,如果一个国家的很多企业缺乏竞争优势,这些企业就会在竞争中失败:或者因为进口产品的冲击而失败,或者因为外来投资企业的竞争而失败,或者两个因素都存在。因为问题难以在世界范围内解决,如允许失去工作的职工到其他国家就业,缺乏竞争优势的企业所在国就会面临非常大的经济压力和社会压力。实际上,一些拉美国家不理想的经济发展就是典型的例子(Kaplinsky,2005)。

这就告诉我们,经济国际化本身是存在矛盾的,因而必然是在曲折中前进:当在竞争中失败的企业所在国认为国际化积累的矛盾已经太大时,就必然会对经济国际化进行管理,包括对自由贸易的管理,也包括对投资的管理。

为什么是有限度的经济国际化?国际贸易最稳定的基石是"取长补短、互通有无"。比如,中国缺少石油和天然气,俄罗斯缺少蔬菜,中国向俄罗斯出口蔬菜,俄罗斯向中国出口石油和天然气,是最自然、最稳定的国际经济关系,因为这本身不涉及两国企业你死我活的问题,是真正的"双赢"。问题在于,这样的"经济互补领域"一般而言是有限的,因而国际经济交往的规模一定会受到限制;超出"取长补短、互通有无"的范围,就会进入"优胜劣汰、你死我活"的状态。

当然,从动态看,"经济互补领域"可以大大扩展,如现在中国缺少高端光刻机,国外有高端光刻机,中国进口、其他国家出口是可以互惠互利的;未来情况可能倒过来,中国有更高端的光刻机,其他国家没有,这时候就换成中国出口、其他国家进口,也是互惠互利的。问题在于,这是一个异常复杂的过程,即使不考虑政治因素和军事因素,在涉及成千上万种产品的情况下,要在多个国家之间实现真正的"动态平衡",难度也极大。这就又回到了有管理的经济国际化状态。

二、有管理、有限度的经济国际化的国际关系基础

除了企业竞争的性质及其后果,充满机会、充满矛盾、复杂多变的国际关系也是有管理、有限度的经济国际化的重要基础。其中,除了实际的威胁、冲突乃至战争,对国际关系的实质的不同认识,乃至"猜忌",都是重要因素。亨利·基辛格先生的分析有利于理解这样的判断(2015)。

基辛格十分关注国际关系、中美关系,希望有健康的国际关系、中美关系。但是,他充分认识到国际关系、中美关系面临的挑战,特别提出了这样的问题:"历史会重演吗?"(基辛格,2015)他的担心是:1871年德国统一改变了欧洲各国的力量对比,最终演化为德国与其他国家的对抗;现在,中国在崛起,这会导致中国与其他国家,特别是美国对抗吗?

基辛格的一个重要观察是:在一些人看来,如英国外交部高管艾尔·克劳,德

国的统一和崛起本身就是一种"客观威胁","与大英帝国的生存互不相容"。在这样的情况下,"英国冒不起任何风险","正式保证没有意义"。也就是说,"结构性要素排斥合作甚至互信"(基辛格,2015)。

基辛格的另一个重要观察是:美国的新保守主义者及其他激进主义分子认为,"民主体制是互信关系的前提;非民主社会在本质上是危险的,倾向于使用武力。因此,美国必须发挥最大影响力(文雅的说法)或压力,在没有民主的地方缔造更加多元的体制,尤其是在能够威胁美国安全的国家。这些理论认为,与非民主国家打交道,政权更迭是美国外交政策的最终目标。与中国和平相处不是一个战略问题,而是改变中国治理方式的问题"(基辛格,2015)。

我们为什么高度重视基辛格先生的分析?一个基本考虑是,虽然他对西方国家有着深刻的理解,对中国的历史和现实有着深刻的理解,对世界的健康发展充满期望,甚至提出建立"太平洋共同体",但他仍然认识到,西方特别是美国的新保守主义者及其他激进主义分子有着非常不同的认识,包括追求其他国家的"政权更迭"。这就告诉我们,世界充满矛盾和挑战几乎是不可避免的。在这样的条件下,经济国际化作为国际化的一部分,只能是有管理的、有限度的。

三、有管理、有限度的经济国际化的启示

如果经济国际化是一个有管理、有限度的过程,中国企业在战略选择上需要特别注意什么?一是产业链的安全,二是国际化中的利益分配。对于产业链的安全,前面已经做了很多分析,除了强调其重要性,特别指出了解决问题的办法,那就是建立以本土企业为主导的创新体系、产业体系和经济体系。在此不再赘述。

对于企业在国际化中的利益分配,核心是兼顾东道国的利益,真正做到"双赢"。在出口方面,需要尽可能考虑对东道国企业的冲击。当然,这比较困难。在对外投资方面,需要充分考虑为东道国创造就业,或者帮助恢复东道国企业的竞争力。

实践证明,不少中国企业在兼顾东道国利益方面堪称典范,也受到了东道国的欢迎。中石油下属的东方公司是一个典型例子。这个公司的业务是找油找气,不但高度重视东道国的环保问题,而且高度重视在东道国招收员工,为这些员工提供高质量的培训,以及积极为东道国的经济发展作出贡献。比如,在也门共和国开展业务时,该公司充分理解当地部落酋长和部落人员希望尽可能多地参与到他们的工作当中的诉求,并采取实质性措施帮助他们实现这些诉求,从而获得了他们的帮助和支持,东方公司的物探项目成为也门"阿拉伯之春"动乱背景下唯一成功运行的项目。东方公司的体会是:"以平等、尊重、沟通、和谐的人文理念,惠及外籍员

工和地方企业,谋求共同发展,才是公司的发展之本"(中国石油东方地球物理公司党委,2019)。

有管理、有限度的经济国际化对国家政策的启示是什么?一是高度重视国家经济安全;二是高度重视在国际经济领域贯彻"人类命运共同体"的理念;三是高度重视双边对话和安排。

对于高度重视国家经济安全,本书在前面已经进行了比较多的讨论,特别是强调以"实力原则"应对国际挑战(Carr,1981),具体而言就是"迅速建成世界第一经济大国""加速建设世界第一经济强国""建立以本土企业为主导的创新体系、产业体系和经济体系"。

另外,至少从中长期看,在国际贸易中坚持"进出口基本平衡"是一个很好的措施,这可以有效防止对特定国家的过度依赖,也可以防止特定国家(比如贸易逆差国)的关税与非关税报复。对外投资,也需要坚持分散风险的原则,防止过度集中于特定国家。

对于高度重视在国际经济领域贯彻"人类命运共同体"的理念,中国已经有了很好的开端,包括积极推动"一带一路"建设,设立"中非合作论坛",设立"上海合作组织",建立中国-东盟自由贸易区等。不同于一些国家的理念和实践,中国在国际经济交往,包括对外经济援助中,从来不附加不平等条件,从来不谋求单方面的主导地位,已经取得了非常好的效果,充分展示了中国在国际经济交往中坚持"互利共赢"的理念并付诸实际行动。

高度重视双边对话和安排的重要性需要特别强调。这是因为,各个国家的具体情况千差万别,双边经济合作有管理、有限度的具体情况也会是千差万别的,因而需要具体问题具体分析,作出有针对性的双边安排。比如,如果与A国存在过大的贸易逆差,则可以要求A国限制自己的出口;如果与A国存在过大的贸易顺差,则可以主动限制对A国的出口(可以对一些出口产品加征出口税)。不到万不得已,两国之间应该尽可能避免采取惩罚性关税、非关税壁垒等措施。

第二节 中国经济发展的道路自信和理论自信

迎接经济发展新阶段需要坚定不移地坚持中国特色社会主义经济发展道路,不断增强中国经济发展的道路自信和理论自信。

第八章
在重大理论创新和实践探索中迎接新阶段的到来

一、成就巨大的经济发展道路

中华人民共和国成立至今,70多年过去了,中国一直在探索如何进行社会主义经济建设,虽然历经曲折,但是已经探索出了一条中国特色社会主义经济发展道路,而且成效巨大。从中华人民共和国成立之初一个贫穷落后的国家,到现在已经是一个工业大国、工业强国,经济大国、经济强国,人民生活从非常贫困,到解决温饱,再到解决小康,现在正向更高水平的美好生活迈进。这是巨大的成就,在全世界范围内也不多见;在一个人口众多的大国,取得这样的成就,是人类发展史上的奇迹(王绍光,2020;武力,2008)。

中国特色社会主义经济发展道路的内涵十分丰富,本书重点讨论以下内容。

(一)经济发展的目的

中国特色社会主义经济发展道路的一个突出特点是,**经济发展的目的是人民的福祉,国家的复兴,乃至天下大同**。中国共产党是一个使命驱动的政党,从建党之初就是为了民族独立、人民解放;中华人民共和国成立以后,毛泽东极力强调全心全意为人民服务;邓小平开创的改革开放也是为了让广大人民群众过上更好的生活;习近平总书记在新的形势下强调不忘初心,牢记使命,要实现中华民族的伟大复兴,实现人民群众过美好生活的梦想,要致力于建立人类命运共同体(习近平,2020)。这些都是一脉相承的。

(二)经济发展的规划和领导

中国特色社会主义经济发展道路的又一个突出特点是,在党的领导下,**以国家为单位连续不断地进行战略规划**,实事求是地确定不同发展阶段的战略目标和战略措施。中华人民共和国成立之初和在这之后的很长一段时间里,毛泽东等党和国家领导人心里想的是实现国家的工业化。1953年,"一五"计划开始实施,新中国进入大规模经济建设时期。毛泽东信心百倍地提出"准备以20年时间完成中国的工业化"。1975年1月召开第四届全国人民代表大会第一次会议,周恩来总理在《政府工作报告》中重申了实现"四个现代化"的目标和步骤,并指出:"第一步……即在一九八〇年以前,建成一个独立的比较完整的工业体系和国民经济体系;第二步,在本世纪内,全面实现农业、工业、国防和科学技术的现代化,使我国国民经济走在世界的前列。"

如果说毛泽东时代发展主要是围绕实现工业化展开的,改革开放以来,则主要是在工业化的基础上进一步把中国的工业、中国的经济做大做强。比如,在充分做好"引进消化吸收"国外技术的同时,充分认识到自主技术创新的重要性。党的十九届五中全会指出:坚持创新在我国现代化建设全局中的**核心地位**,把科技自立自强作为国家发展的战略支撑。2020年的中央经济工作会议又把强化国家战略科技力量放在了2021年重点任务的**首位**。正是在这样的背景下,国务院国资委作出安排,"十四五"构建新发展格局,最关键的是高水平的自立自强;国资委将围绕高质量发展、构建新发展格局,把科技创新作为"头号任务",集中中央企业的优势资源、优势力量,把中央企业坚决打造成为国家战略科技力量。

(三) 经济发展的组织基础

中国特色社会主义经济发展道路的再一个突出特点是以国有企业作为**经济发展的重要组织基础**。实现经济发展的目标需要有坚实的组织基础,这就是建立和壮大国有企业。毛泽东在《革命的转变和党在过渡时期的总路线》(1953)一文中指出,"从中华人民共和国成立,到社会主义改造基本完成,这是一个过渡时期。党在这个过渡时期的总路线和总任务,是要在一个相当长的时期内,逐步实现国家的社会主义工业化,并逐步实现国家对农业、对手工业和对资本主义工商业的社会主义改造。这条总路线是照耀我们各项工作的灯塔,各项工作离开它,就要犯右倾或'左'倾的错误";"**党在过渡时期的总路线的实质,就是使生产资料的社会主义所有制成为我国国家和社会的唯一的经济基础**。我们所以必须这样做,是因为只有完成了由生产资料的私人所有制到社会主义所有制的过渡,才利于社会生产力的迅速向前发展,才利于在技术上起一个革命,把在我国绝大部分社会经济中使用简单的落后的工具农具去工作的情况,改变为使用各类机器直至最先进的机器去工作的情况,借以达到大规模地出产各种工业和农业产品,满足人民日益增长着的需要,提高人民的生活水平,确有把握地增强国防力量,反对帝国主义的侵略,以及最后地巩固人民政权,防止反革命复辟这些目的"。

改革开放以来,民营经济蓬勃发展,为国家经济的繁荣作出了巨大贡献,民企成为中国经济的重要组成部分。但是,民企的发展不等于国企地位的下降,而是取长补短、互相帮助、共同发展。习近平总书记在2020年4月10日中央财经委员会第七次会议上指出:"在这次抗击疫情过程中,国有企业冲在前面,发挥了重要作用,在促进产业循环中也起到了关键作用。国有企业是中国特色社会主义的重要物质基础和政治基础,是党执政兴国的重要支柱和依靠力量,必须做强做优做大。当然,国有企业也要改革优化,但绝对不能否定、绝对不能削弱。要坚持和完善新型举国体制,不断增强领导力、组织力、执行力。"

(四) 独立自主

中国特色社会主义经济发展道路的第四个特点是**独立自主**,即把经济发展的主动权掌握在自己手中。早在1958年,毛泽东在《独立自主地搞建设》一文中就指出:"**自力更生为主,争取外援为辅,破除迷信,独立自主地干工业、干农业、干技术革命和文化革命,打倒奴隶思想,埋葬教条主义**,认真学习外国的好经验,也一定研究外国的坏经验——引以为戒,这就是我们的路线。经济战线上如此,军事战线上也完全应当如此。"(《毛泽东文集:第七卷》:380)。

改革开放以来,技术引进在大大促进经济发展的同时也埋下了对外过度依赖的隐患。如何解决这个问题?答案是进行自主技术创新。对此,习近平同志指出:"2013年3月,我在参加全国政协十二届一次会议科协、科技界委员联组讨论时讲过这样一个意思,就是从总体上看,我国科技创新基础还不牢,自主创新特别是原创力还不强,关键领域核心技术受制于人的格局没有从根本上改变。只有把核心技术掌握在自己手中,才能真正掌握竞争和发展的主动权,才能从根本上保障国家经济安全、国防安全和其他安全。不能总是用别人的昨天来装扮自己的明天。不能总是指望依赖他人的科技成果来提高自己的科技水平,更不能做其他国家的技术附庸,永远跟在别人的后面亦步亦趋。我们没有别的选择,非走自主创新道路不可。实践告诉我们,自力更生是中华民族自立于世界民族之林的奋斗基点,自主创新是我们攀登世界科技高峰的必由之路。"(2014年6月9日在中国科学院第十七次院士大会、中国工程院第十二次院士大会上的讲话)

(五)不断地学习、创新和变革

中国特色社会主义经济发展道路的第五个突出特点是**不断地学习、创新和变革**。发展社会主义经济是一项前无古人的事业,不断学习、创新和变革是必然的。比如,由于特殊的历史背景,中华人民共和国成立之初的工业化受苏联影响很大。但是,毛泽东等领导人很快认识到,需要从中国的实际出发,探索适合中国国情的道路。毛泽东在1956年4月的中共中央政治局扩大会议上做了题为"论十大关系"的讲话。这篇讲话,以苏联的经验为鉴戒,总结了中国的经验,提出了调动一切积极因素为社会主义事业服务的基本方针,对适合中国情况的社会主义建设道路进行了初步的探索(《毛泽东文集:第七卷》:23-49)。

改革开放也是学习、创新和变革。在总结以前经验教训的基础上,在国际关系,特别是中美关系大大缓和的情况下,改革开放的决定开启了中国经济长达几十年高速增长的历程。当然,这几十年也不是一帆风顺,也经历了大风大浪,包括国内国有企业改革的艰难探索和国企工人大规模下岗,也包括国外的经济封锁、世界金融危机的冲击等。但是,坚持学习、创新和变革,总是可以找到应对的策略。

为什么能够**不断地学习、创新和变革**?一个根本原因是中国经济建设的领导力量即中国共产党,这个党"勇于自我革命"。习近平同志指出:"以史为鉴、开创未来,必须不断推进党的建设新的伟大工程。勇于自我革命是中国共产党区别于其他政党的显著标志。我们党历经千锤百炼而朝气蓬勃,一个很重要的原因就是我们始终坚持党要管党、全面从严治党,不断应对好自身在各个历史时期面临的风险考验,确保我们党在世界形势深刻变化的历史进程中始终走在时代前列,在应对国内外各种风险挑战的历史进程中始终成为全国人民的主心骨!"(在庆祝中国共产党成立100周年大会上的讲话)

二、严峻挑战与道路自信

中国特色社会主义经济发展道路同很多国家的经济发展道路存在巨大差异。比如,虽然一国的经济发展总体而言对其人民是有好处的,但是非常明确地把**经济发展的目的界定为为了人民的幸福,在世界各国是极为少见的**。又比如,虽然很多国家都有国有企业,但是像中国这样强调国企的极端重要性的不多,国有企业实力如此强大的国家也不多。差异往往产生挑战,特别是国际挑战。

这就提出一个非常严肃也非常现实的问题:中国能不能坚持自己的经济发展道路?换句话说,如果面对外部的严重质疑甚至是巨大压力,中国要不要对自己的经济发展道路作出根本性改变,特别是在基本的经济制度上向西方国家靠拢?答案是否定的。这涉及道路自信问题。

实践是检验真理的唯一标准。中国经济发展的巨大成就已经证明了中国经济发展道路的有效性。实际上,即使在计划经济年代,中国的经济发展成就也是巨大的。新中国成立之初,经济极为落后。1949年,中国的工业总产值为140亿元,占工农业总产值的17%;中国的人均国民收入仅为27美元,而当时整个亚洲的人均国民收入为44美元(邱霞,2015)。1950年,美国工农业总产值2 800亿美元,中国只有100亿美元;美国钢产量是8 772万吨,中国只有60万吨(曲青山,2019)。

从1952年到1978年,中国工农业总产值平均年增长率为8.2%,其中工业总产值平均年增长率为11.4%。1979年9月,叶剑英在庆祝中华人民共和国成立30周年大会的讲话中指出:"我们在旧中国遗留下来的'一穷二白'的基础上,建立了独立的比较完整的工业体系和国民经济体系。"美国历史学家莫里斯·迈斯纳也指出:毛泽东时代"是世界上最伟大的现代化时代之一,与德国、日本和俄罗斯等几个现代工业舞台上的后起之秀的工业化最剧烈时期相比毫不逊色",中国取得了"全世界所有发展中国家和主要发达国家在同一时期取得的最高增长率"(Meisner,1986,1996;沙健孙,2014)。

对中国经济发展道路的自信也来源于理论分析。

第一,经济发展的目的是人民的福祉,即经济发展目的具有"人民性",这就使中国的经济发展道路具有非常大的优势,也可以说是最大的优势。比如,能够更加广泛地动员人民群众参加到经济发展实践中去,降低"交易成本"。又比如,可以采取各种各样的方法,包括一些在其他制度下难以采用和推广的方法(像大规模扶贫)。

第二,计划与市场"两条腿走路"。中国的经济发展既坚持市场在资源配置中的根本作用,又坚持以国家为单位连续不断地进行战略规划,二者相得益彰,更好地反映经济发展的内在要求(Mazzucato,2016)。相比之下,虽然美国、日本等发达国家也有它们的战略规划(比如美国的国防领域,教育、科学与卫生领域;日本的长期经济计划),但是由于各种因素的限制,它们的规划呈现出很大的间断性、不连续性。

第三节 提高重大变革和探索的有效性

迎接中国经济发展的新阶段需要应对一系列前所未有的挑战,需要进行一系列重大变革和探索。如何才能提高重大变革和探索的有效性?本书提出如下建议。

一、勇于应对

应对重大的挑战,进行重大的变革和探索,必然要面对复杂的矛盾,必然要冒非常大的风险。正因为如此,拥有巨大的勇气和坚强的决心,就成为第一要素。俗话说,"狭路相逢勇者胜",就是这个道理。也有言,"世之奇伟、瑰怪,非常之观,常在于险远,而人之所罕至焉,故非有志者不能至也",也是这个道理。

正反两方面的例子有利于更加直观地理解这个道理。

第一个例子是第一次国内革命战争时期的惨痛教训。面对蒋介石集团的步步紧逼,陈独秀等领导人不是奋起反抗而是妥协退让,结果招致大屠杀和大革命失败。

第二个例子是国共结成"抗日民族统一战线"。1940年,毛泽东在《目前抗日统一战线中的策略问题》一文中指出:"在抗日统一战线时期中,斗争是团结的手段,团结是斗争的目的。以斗争求团结则团结存,以退让求团结则团结亡,这一真理,已经逐渐为党内同志们所了解。但不了解的依然还多,他们或者认为斗争会破裂统一战线,或者认为斗争可以无限制地使用,或者对于中间势力采取不正确的策略,或者对顽固势力有错误的认识,这些都是必须纠正的。"

毛泽东还指出:"在抗日统一战线时期中,同顽固派的斗争,不但是为了防御他们的进攻,以便保护进步势力不受损失,并使进步势力继续发展;同时,还为了延长他们抗日的时间,并保持我们同他们的合作,避免大内战的发生。如果没有斗争,进步势力就会被顽固势力消灭,统一战线就不能存在,顽固派对敌投降就会没有阻力,内战也就会发生了。所以,同顽固派斗争,是团结一切抗日力量、争取时局好转、避免大规模内战的不可缺少的手段,这一真理,已被一切经验证明了。"

第三个例子是辽沈战役从打锦州开始而不是从打长春开始。国民党高层没有预料到四野会先打锦州;即便是能征善战的四野主要负责人也不愿意先打锦州。但是,毛泽东力主先拿下锦州,关闭东北大门。这样做,风险极大,但是战略意义极大。从全局看,就是需要敢于这样打。

第四个例子是抗美援朝。面对中美经济、军事实力的巨大差距,面对党内外不同意见,是否出兵朝鲜,毛泽东决心难下。胡乔木回忆:"我在毛主席身边工作二十多年,记得有两件事是毛主席很难下决心的。一件是1950年派志愿军入朝作战,再一件是1946年我们准备同国民党彻底决裂。"(胡乔木,1994)。但是,毛泽东力排众议,毅然作出了出兵朝鲜的决定,并由此开创了"打得一拳开,免得百拳来"的局面。

具体到新阶段的经济发展,就是要敢于成为"世界第一经济大国",敢于成为"世界第一经济强国",敢于"建立以本土企业为主导的创新体系、产业体系和经济体系",敢于实施"三大工程"(产业格局重塑工程、"卡脖子"技术突破工程、前沿技术突破工程),敢于加强对一些重大命题(比如重大民生保障——住房、教育、医疗、人口问题等)的探索和政策调整。

二、解放思想

为什么需要解放思想?因为只有解放思想才能勇敢应对重大挑战。前面提到的第一次国内革命战争失败,为什么对蒋介石集团妥协退让、委曲求全?根本原因在于思想认识上的偏差和错误。比如,陈独秀认为,那时中国革命的性质是资产阶级革命,中国共产党不应该同国民党争夺领导权。又比如,在抗日民族统一战线问题上,王明等坚持"一切经过统一战线"、"一切服从统一战线",不敢同国民党顽固派进行必要的、有策略的、坚决的斗争。

如何才能真正做到"解放思想"？从本质上讲，这是一个哲学问题，是一个思想方法问题。我们重点强调要避免三点：一是过于教条，二是过于天真，三是过于自我，三者都是不够实事求是。

过于教条，核心是从书本出发，从抽象的原则出发，从特定的认识和判断出发，而不是从丰富多彩、复杂多变的现实出发，"一条道走到黑"。陈独秀的问题首先在于过于教条，在于应用马克思主义分析中国革命的性质和道路时没有真正进行"中国化"，因而对中国共产党在中国革命中的地位和作用存在错误认识。与此同时，陈独秀对蒋介石集团的认识也过于天真，以至于要求工人纠察队向国民党上缴武器，结果是面对蒋介石的背叛和屠杀毫无还手之力。

过于天真，核心是对丰富多彩、复杂多变的现实进行不合适的高度简化，看不到矛盾，或者回避矛盾，或者相信"灵丹妙药"。王明坚持"一切经过统一战线，一切服从统一战线"，而不是又团结又斗争，根本在于看不到国民党集团的复杂性，特别是看不到国民党顽固派的反动性，只用是否"抗日"做区分。不少人认识不到美国力图与中国"脱钩"的决心，不愿意承认中美关系的实质性变化，希望通过更深融入美国的经济体系而实现"你中有我，我中有你"，也是没有认识到，在美国政府的眼里，两国利益确实存在巨大矛盾。至于过于相信"灵丹妙药"，例子更多，苏联解体、幻想"休克疗法"、市场转型，可能是最典型的例子。

过于自我，核心是反思不够，自我否定不够，学习能力不够。当然，也可能是过于自私，不愿意放弃既得利益。在中国共产党的历史上，博古等丢掉中央苏区、几乎断送掉中国革命，不仅仅是过于教条，过于自我也是非常重要的原因。比如，即使在遭受重大损失后，也拒绝向毛泽东等有不同意见（正确意见）的同志学习，这种状况直到湘江惨败，特别是遵义会议才有了实质性的变化。

在新经济发展阶段，以什么样的速度发展经济是一个重大战略问题。从解放思想的视角看，著名学者余永定教授的观点充分体现了解放思想的精神，值得高度重视（余永定，2020）。他在 2020 年 12 月 18 日中央财经大学"第九届亚太经济与金融论坛"上的主旨演讲中指出："很多人认为，中国未来的潜在增长率可能是 4%～5%，甚至不到 4%，因此，我们不能够让中国的实际增长率高于它的增长潜力。**我完全不相信任何关于中国潜在经济增速的计算。连可靠的基本数据都没有，怎么可能准确计算呢？**"

他特别强调："如果先入为主地认定中国经济已经进入 5% 或 4% 的阶段，并根据这种判断制定经济政策，中国经济就可能真的只能实现 5% 或 4% 的增速了……工人失业一周、数周，重新工作不难，失业一年、数年，就无法重新就业了。研究团队一旦解散再想聚拢就很困难了。经济增速长期处于 4%～5% 的水平，以后想把经济增速提上去就十分困难了。"

对于很多人认为应该通过深化改革解决经济发展中的问题,余永定教授指出了这种思考的认识误区。他指出:"体制改革、结构调整和宏观调控是不同层面的问题,体制改革、结构调整是中长期问题,宏观调控是短期问题,不应该把它们混为一谈。中国既要进行体制改革、结构调整,也要进行宏观调控,这三件事完全可以齐头并进。"

三、守正出奇

"守正出奇",一方面是"守正",就是从基本逻辑出发,果断决策,迅速行动,防止贻误战机;一方面是"出奇",就是使用特殊力量完成特殊任务。

"守正"的核心是不搞烦琐哲学,不胡思乱想,不过于教条,不过于天真,不过于自我,从事物的本质出发解决问题。还是以余永定教授对宏观经济政策的思考为例,他认为:"我们必须谦卑地承认,未来充满未知因素,我们不知道中国的潜在经济增长速度到底是多少。但是,**我们能够判断当前有无进一步提高经济增速的可能性。如果我们判定当前存在产能过剩、有效需求不足、没有通胀的明显迹象,我们就不必犹豫,就应该采取扩张性宏观经济政策**。不要轻言退出,发现明显通胀压力之后,再退出扩张性的财政货币政策也不迟。"(余永定,2020)。

中国新经济发展阶段的一个重大问题是人口出生率大幅度下降,现在也是一个热门话题。如果有基本一致的看法,即需要提高人口出生率,那就应该果断出台系列政策,包括从根本上解决目前住房、医疗、教育成本过高的问题;也可以认真考虑在工资收入没有大的变化的前提下,大幅度减少工作时间,让人们有更多的时间照顾家庭。2022年的政府工作报告作出了初步安排,是一个非常好的开头。

迎接新的经济发展阶段,为什么需要"出奇"?一个根本原因是惯性思维实力强大,希望通过在短期内改变大多数人的思想而实现重大变革和创新,难度太大。在这种情况下,以"奇兵"率先取得突破,进而以点带面,是有效的选择(Schein,2010)。

"奇兵"从何而来?我们在讨论建立以本土企业为主导的创新体系、实施"三大工程"(产业格局重塑工程、"卡脖子"技术突破工程、前沿技术突破工程)时指出,需要高度重视发挥"靠谱"的单位和个人的作用。这些"靠谱"的单位和个人就是"奇兵"。在此,我们举一个例子,即中国一汽发展红旗轿车。

多年以来,自主品牌轿车发展不理想一直像一座大山一样压在很多人的心上,"红旗"品牌一直在努力但是成效有限,直到徐留平先生就任一汽主要负责人,面貌为之焕然一新。2022年1月18日,一汽召开新闻年会,指出:过去4年,红旗品牌从年销 4 700 多辆到年销 30 万辆,实现了 63 倍的增长(龚梦泽,2022)。短短几年,"红旗"品牌实现了从艰难挣扎到充满希望的历史性跨越。

实际上,"靠谱"的单位和个人还有很多很多,山东重工集团谭旭光,深圳地铁简炼,徐工集团王民,华大基因汪建,大唐电信唐如安,京东方王东升,中石油东方公司苟量,这个名单可以列得很长。把重担压在这些人肩上,中国经济发展新阶段就可以迎来一片辉煌!

参考文献

布德瑞,2003.企业研究院[M].盛逢时,译.北京:中信出版社:125-127.
常德传,2008.常德传论国企[M].北京:中国社会科学出版社.
陈冀,2009.广东九大措施全力支持"三来一补"企业转型升级[N/OL].新华社,2009-08-01. http://www.gov.cn/jrzg/2009-08/01/content_1381449.htm.
陈润,谢再红,邱恒明,2020.民族之光:陈光威传[M].北京:中信出版社.
陈至立,2005.自主创新,中国必然的战略抉择[N].人民日报海外版,2005-08-30(1).
崔之元,1996.鞍钢宪法与后福特主义[J].读书(3):1-21.
崔之元,2006.经济民主的两层含义[EB/OL].(2006-05-10).http://www.chinavalue.net/Finance/Article/2006-5-10/30256.html.
晁明春,2012.毛泽东视察济南东郊公社 不相信亩产1000斤[N].大众日报,2012-07-17.
戴小河,邹多为,2021.韩文秀:碳冲锋和运动式减碳都不符合党中央的要求[N].新华社,2021-12-11.
冯晓蔚,2015."不唯上、只唯实"的江渭清[J].中华魂(5):54-57.
龚梦泽,2022.中国一汽暨红旗品牌召开2022年新闻年会[N].证券日报,2022-01-21.
韩文秀,2022.稳定宏观经济不仅是经济问题,更是政治问题[J].瞭望(1).
基辛格,2015.论中国[M].北京:中信出版社.
缴翼飞,2021.韩文秀详解中央经济工作会议:"稳"是突出关键词,慎重出台有收缩效应的政策[N].21世纪经济报道,2021-12-11.
高蔚卿,2005.企业竞争战略:资源类型与竞争阶段的匹配[M].北京:知识产权出版社.
高旭东,2007.企业自主创新战略与方法[M].北京:知识产权出版社.
高旭东,2018.中国本土企业技术创新的"共同成长"理论[J].技术经济,37(12):4-7.
高旭东,2021.发展工业互联网的六个关键点[M]//《清华管理评论》编辑部.管理瞭望:《清华管理评论》2020年文章精选.北京:企业管理出版社:129-140.
胡乔木,1994.胡乔木回忆毛泽东[M].北京:人民出版社.
胡伟武,2006.为了龙芯的跳动[N].科学时报,2006-03-14.
黄淼,2021.产业链整合视域下油莎豆产业发展战略研究[D].北京:清华大学.
江学俊,宗禾,杨蓓,等,2020.淄博市召开实施产业赋能加快传统产业转型升级现场会[N].中国山东网,2020-04-25.
解放军总装备部政治部,2000.两弹一星[M].北京:九州出版社.
克鲁格曼,2009.经济学家怎会错得这样离谱?[EB/OL].[2017-07-26].https://www.yicai.com/news/5321418.html.
拉巴,王圣志,尕玛,等,2006.通天之路[J].神州(6):15-22.
李进良,2006.创新的呐喊[M].北京:知识产权出版社.
李进良,2010.TD-SCDMA十年艰险长征路[M]//高旭东、李纪珍,2010.中国技术评论(第1集),36-61.北京:知识产权出版社.
李毅中,2022.大变局下我国工业发展的风险挑战、问题差距,以及破解之道.澎湃新闻·澎湃号·政务,2022-01-04.

梁天风,2021.天境生物发展战略研究[D].北京:清华大学.

廖峥嵘:"萨缪尔森陷阱说"为何不妥[EB/OL].(2021-01-11).https://baijiahao.baidu.com/s?id=16885419544779729228&wfr=spider&for=pc.

林敬川,2016.Z公司嵌入式操作系统自主创新战略研究[D].北京:清华大学.

刘世锦,2020.推动都市圈建设 释放结构性潜能[EB/OL].(2020-06-24).http://www.163.com/dy/article/FFRTU2SD0519PJJ6.html.

刘少山,2020.JASON是谁?美国科技创新最核心的"神秘力量"[EB/OL].(2020-08-17).https://new.qq.com/omn/20200817/20200817A07Y1Q00.html?pc.

李显君,孟东晖,刘曈,2018.核心技术微观机理与突破路径——以中国汽车AMT技术为例[J].中国软科学(8):88-104.

刘振武,孙星云,高旭东,等,2006.中国石油集团公司技术创新案例[M].北京:石油工业出版社.

刘振亚,2016.超越·卓越[M].北京:中国电力出版社.

刘振亚,2005.构建全球能源互联网,推动能源清洁绿色发展[EB/OL].http://finance.people.com.cn/n/2015/1022/c1004-27727433.html

路风,2016.光变——一个企业及其工业史[M].北京:当代中国出版社.

毛木子,2012.茅于轼建议国企私有化 华生称公私并存才成功[EB/OL].(2012-04-28).http://finance.qq.com/a/20120428/002747.htm.

孟东晖,2019.中国汽车产业核心技术突破路径与机制研究[D].北京:清华大学.

钱德勒,1987.看得见的手:美国企业的管理革命[M].重武,译.北京:商务印书馆.

邱霞,2015.毛泽东对新中国经济发展道路的探索[N/OL].人民网-中国共产党新闻网,2015-01-08.http://dangshi.people.com.cn/n/2015/0108/c85037-26351641.html.

曲青山,2019.从百年历史看党的初心和使命[N].中国纪检监察报,2019-07-01.

沙健孙,2014.毛泽东与新中国的经济建设[N].光明日报,2014-01-22.

唐如安,2009.TD-SCDMA是如何走过来的[EB/OL].(2009-05-20).https://tech.sina.com.cn/t/3g/2009-05-20/00033107043.shtml.

鲍尔,唐,考拉,2004.银湖计划——IBM的转型与创新[M].陈红斌,等译.北京:华夏出版社.

王选,1999.王选谈信息产业[M].北京:北京大学出版社:132-133.

王忠耀,吴春燕,2018.港珠澳大桥背后的科技支撑[N].光明日报,2018-10-24(8).

袁家军,2005.神舟飞船系统工程管理[M].北京:机械工业出版社.

原诗萌,2012."特高压"争论未了局[N/OL].中国科学报,2012-03-16.http://tech.sina.com.cn/t/3g/2009-05-20/00033107043.shtml.

衣春翔,韩雪,赵一诺,2018.马晶谭立英夫妇30年铺就卫星激光通信路[N].黑龙江日报,2018-08-04.

于斌,2018.罗荣桓:一盘棋运筹收巨效[N].北京日报,2018-01-15.

王缉慈,2021.关于苏州新制造发展的思考[N].澎湃新闻,2021-12-13.

王绍光,2020.中国崛起的世界意义[M].北京:中信出版社.

王远,2021.乱收费、乱罚款、乱摊派!霸州回应:立即启动问责程序,以工作成效赢得原谅[N].山东商报,2021-12-21.

吴敬琏,1993.大中型企业改革:建立现代企业制度[M].天津:天津人民出版社.

武力,2008.中华人民共和国经济简史[M].北京:中国社会科学院.

西蒙,杨一安,2019.隐形冠军:未来全球化的先锋[M].张帆,吴君,刘慧宇,等译.北京:机械工业出版社.

余永定,2020.我不相信任何关于中国潜在经济增速的计算[R].第九届亚太经济与金融论坛.

中国石油东方地球物理公司党委,2019.交融:跨文化管理故事集[M].北京:石油工业出版社.

周建军,2019.赶超的阶梯[M].北京:中信出版社.

AMSDEN A,1989. Asia's next giant: South Korea and late industrialization[M]. New York: Oxford University Press.

AMSDEN A,2001. The rise of "the rest": challenges to the West from late-industrializing economies[M]. Oxford: Oxford University Press.

BARNEY J,1991. Firm resources and sustained competitive advantage[J]. Journal of management,17(1): 99-120.

BERLE A A, MEANS G C,1932. The modern corporation and private property[M]. New Brunswick,NJ: Transaction Publishers.

BHIDE A V,2000. The origin and evolution of new businesses[M]. Oxford: Oxford University Press.

BUDERI R,2000. Engines of tomorrow: how the world's best companies are using their research labs to win the future[M]. New York: Simon & Schuster.

BURGELMAN R A,2002. Strategy is destiny[M]. New York: Free Press.

BURGELMAN R A, MAIDIQUE M A, WHEELWRIGHT S C,2001. Strategic management of technology and innovation[M]. New York: McGraw-Hill.

CARR E H,1981. The twenty years' crisis, 1919-1939: an introduction to the study of international relations[M]. London: Macmillan & co. ltd.

CHANDLER A D,1991. The functions of the HQ unit in the mutibusiness firm[J]. Strategic management journal,12: 31-50.

CHANDLER A,2005. Shaping the industrial century: the remarkable story of the evolution of the modern chemical and pharmaceutical industries[M]. Cambridge: Harvard University Press.

CHANDLER A, AMATORI F, HIKINO T,1997. Big business and the wealth of nations[M]. Cambridge: Cambridge University Press.

COHEN W M, LEVINTHAL D A,1990. Absorptive capacity: a new perspective on learning and innovation[J]. Administrative science quarterly,35(1): 128-152.

COLLINS J C, PORRAS J I,1996. Building your company's vision[J]. Harvard business review,74(5): 65-77.

CUSUMANO M A,1985. The Japanese automobile industry: technology and management at Nissan and Toyota[M]. Cambridge: Harvard University Press.

CHRISTENSEN C M, ROSENBLOOM R S,1995. Explaining the attacker's advantage: technological paradigms, organizational dynamics, and the value network[J]. Research policy,24: 233-257.

DERTOUZOS M L, LESTER R K, SOLOW R M,1989. Made in America: regaining the productive edge[M]. Cambridge: The MIT Press.

ERNST D,2002. Global production networks and the changing geography of innovation systems:

implications for developing countries[J]. Economics of innovation and new technology, 11(6): 497-523.

ERNST D,2009. A new geography of knowledge in the electronics industry? Asia's role in global innovation networks[J]. Policy Studies,54,1-65. East-West Center,Honolulu,Hawaii.

ERNST D,KIM L,2002. Global production networks, knowledge diffusion, and local capability formation[J]. Research policy,31(8-9): 1417-1429.

FINE C H,1998. Clock speed: winning industry control in the age of temporary advantage[M]. New York: Perseus Books.

FOSS N,1997. Resources,firms and strategies[M]. Oxford: Oxford University Press.

FRANKLIN C,2003. Why innovation fails[M]. Perth: Spiro Press.

GANS J,SCOTT E,STERN S,2018. Do entrepreneurs need a strategy? [J]. Harvard business review,May-June: 44-51.

GAO X,2011. Effective strategies to catch up in the era of globalization: experiences of local Chinese telecom equipment firms[J]. Research technology management,54(1): 42-49 .

GAO X,LIU J,2012. Catching up through the development of technology standard: the case of TD-SCDMA in China[J]. Telecommunications policy,36(7): 531-545.

GAO X,2014. A latecomer's strategy to promote a technology standard: the case of Datang and TD-SCDMA[J]. Research policy,43(3): 597-607.

GAO X,2019. Approaching the technological innovation frontier: evidence from Chinese SOEs [J]. Industry and innovation,26(1): 100-120.

GAO X, 2021. Using large-scale programs to help develop technological capabilities: cases in China[M]//LEE D,LEE K,MEISSNER D,et al. The challenges of technology and economic catch-up in emerging economies. Oxford: Oxford University Press: 413-435.

GHEMAWAT P, RIVKIN J W, 1998. Creating competitive advantage[M]. Boston, MA: Harvard Business School Press.

GLASER B G,1978. Theoretical sensitivity[M]. Mill Valley,CA: The Sociology Press.

GLASER B G,STRAUSS A L,1967. The discovery of grounded theory[M]. New York: The Aldine Publishing Company.

GOLDMAN A, 2009. Destructive leaders and dysfunctional organizations [M]. Cambridge: Cambridge University Press.

GRUBER J,JOHNSON S,2019. Jump-starting America[M]. New York: PublicAffairs.

HAMEL G,DOZ Y,PRAHALAD C K,1989. Collaborate with your competitors-and win[J]. Harvard business review,67(1): 133-139.

HENDERSON R M,1994. The evolution of integrative capability: innovation in cardiovascular drug discovery[J]. Industrial and corporate change,3(3): 607-630.

HENDERSON R M,1994. Managing innovation in the information age[J]. Harvard business review,72(1): 100-106.

KAISER D,2010. Becoming MIT[M]. Cambridge: The MIT Press.

HOLMSTROM B R,1999a. The firm as a subeconomy[J]. Journal of law, economics, and organization,15(1): 74-102.

HOLMSTROM B R,1999b. Managing incentive problems: a dynamic perspective[J]. Review of economic studies,66: 169-182.

HOLMSTROM B R,2005. Pay without performance and the managerial power hypothesis: a comment[J]. Journal of corporation law,30(4): 703-715.

IANSITI M,1998. Technology integration: making critical choices in a dynamic world[M]. Boston: Harvard Business School Press.

JENSEN M, 1993. The modern industrial revolution, exit, and the failure of internal control systems[J]. Journal of finance,48(3): 833-854.

KAISER D,2010. Becoming MIT[M]. Cambridge: MIT Press.

KAPLINSKY R,2005. Globalization,poverty and inequality[M]. Cambridge: Polity Press.

KIM L, 1997. Imitation to innovation: the dynamics of Korea's technological learning[M]. Boston: Harvard Business School Press.

LAZONICK W, 2002. Innovative enterprise and historical transformation[J]. Enterprise & society,3(1): 3-47.

LEE K, 2013. Schumpeterian analysis of economic catch-up [M]. Cambridge: Cambridge University Press.

LIN J Y, 2009. Economic development and transition: thought, strategy, and viability[M]. Cambridge: Cambridge University Press.

LUNDVALL B, 1992. National systems of innovation: towards a theory of innovation and interactive learning[M]. London: Pinter.

MASLOW A H,1971. The farther reaches of human nature[M]. New York: Viking Press.

MAZZUCATO M,2016. From market fixing to market-creating: a new framework for innovation policy[J]. Industry and innovation,23(2): 140-156.

MERCER D,1987. IBM: how the world's most successful corporation is managed[M]. North Ryde: Methuen Australia Pty Ltd.

MEISNER J E,1986. Mao's China and after: a history of the People's Republic[M]. New York: Free Press.

MEISNER M,1996. The Deng Xiaoping era: an inquiry into the fate of Chinese socialism,1978-1994[M]. New York: Hill and Wang.

MOORE G A,2002. Crossing the chasm[M]. New York: Harper Business.

MOWERY D, ROSENBERG N, 1989. Technology and the pursuit of economic growths[M]. Cambridge: Cambridge University Press.

POO M M,CHAO A W,2020. Conversation with Chen-Ning Yang: reminiscence and reflection [J]. National science review,7: 233-236.

NAM K M,2011. Learning through the international joint venture: lessons from the experience of China's automotive sector[J]. Industrial and corporate change,20(3): 855-907.

NELSON R,WINTER S G,1982. An evolutionary theory of economic change[M]. Cambridge, MASS: Belknap Press of Harvard University Press.

NEVINS A, HILL F E, 1962. Ford: decline and rebirth, 1933-1962[M]. New York: Charles Scribner's Sons.

O'SULLIVAN M, 2000. Contests for corporate control: corporate governance and economic performance in the United States and Germany[M]. New York: Oxford University Press.

PAVITT K,1991. What makes basic research economically useful? [J]. Research policy,20,109-119.

PEREZ C,SOETE L,1988. Catching up in technology and windows of opportunity[M]//DOSI G,FREEMAN C,NELSON R,et al. Technical change and economic theory. London: Pinter Publishers: 458-479.

PONTIKES E,BARNETT W P,2017. The non-consensus entrepreneur: organizational responses to vital events[J]. Administrative science quarterly,62(1): 140-178.

PORTER M E,1990. The competitive advantage of nations[J]. Harvard business review,68(2): 73-91.

PRAHALAD C K, HAMEL G, 1990. The core competence of the corporation[J]. Harvard business review,68(3): 79-91.

ROSENBERG N,2010. Studies on science and the innovation process[M]. Hackensack: World Scientific.

ROSENBLOOM R S, Cusumano M A, 1987. Technological pioneering and competitive advantage: the birth of the VCR industry[J]. California management review,29(4): 51-76.

ROUSSEAU D M,2005. Developing psychological contract theory[M]//SMITH K G,HITT M A. Great minds in management. Oxford: Oxford University Press.

SAMUELS R J,1994. Rich nation,strong army[M]. New York: Cornell University Press.

SAMUELSON P A,2004. Where Ricardo and Mill rebut and confirm arguments of mainstream economists supporting globalization[J]. Journal of economic perspectives,18(3): 135-146.

SCHEIN E H,2010. Organizational culture and leadership[M]. New York: Wiley.

SMIL V, 2013. Made in the USA: the rise and retreat of American manufacturing [M]. Cambridge: The MIT Press.

SUMANTRAN V,FINE C,GONSALVEZ D,2017. Faster,smarter,greener: the future of the car and urban mobility[M]. Cambridge: The MIT Press.

THOMAS R J,1994. What machines can't do[M]. Berkeley: University of California Press.

VON HIPPEL E,1988. The sources of innovation[M]. Oxford: Oxford University Press.

WHEELRIGHT S,CLARK K,1992. Revolutionizing product development[M]. New York: Free Press.